#29

Par **Marc Dubuisson**

SOMMAIRE

TOPO #29 Dessin de couverture : **Vitt Moretta**

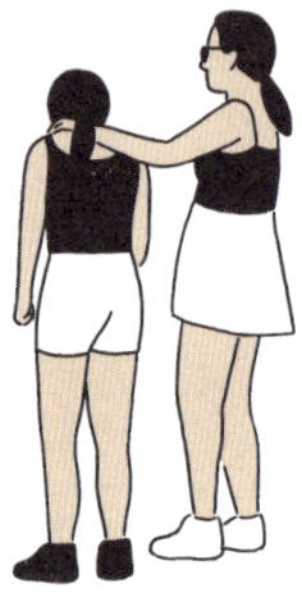

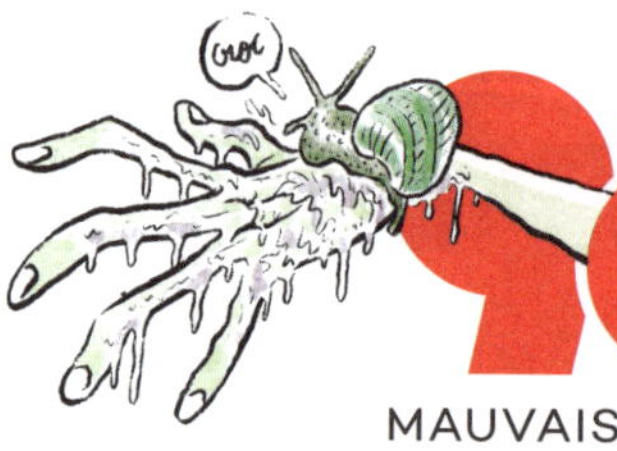

TÉMOIGNAGE

Noires et flamboyantes

Par **Charlotte Bienaimé** et **Chloé Wary**

J'ai dis amis, dès 4 ans, on leur a dit : "Ta couleur, c'est du caca."
C'est au collège que je me suis rendu compte que j'étais noire.
C'est là que les premières remarques sur les traits du visage ont commencé.
Un garçon de ma classe m'a sorti : "T'as un gros nez, tu ressembles à un singe, tu es laide."
"Regardez le nez de Louise, il bouge, il est épaté, on peut appuyer comme une éponge dessus."
Donc, j'essayais de le cacher, mais on le voyait toujours.

Le mot "monstre" a été sorti par un garçon de ma classe à une fille noire. Elle mesurait 1,80 m. Pour lui, elle était horrible, elle ne correspondait pas aux standards, quoi, un nez épaté et une bouche pulpeuse.
espèce de monstre
Moi, on me faisait comprendre que j'étais laide, avec des remarques du style : "Tu es du charbon, ta peau est sale, t'es crade."
Je me suis rendu compte qu'il existait cette hiérarchie des filles. D'abord les Blanches, les Asiatiques, suivies des Arabes, métisses et des Noires. Il y avait celles qui étaient forcément laides, à cause de leurs traits : les filles d'Afrique centrale. Elles n'étaient pas réputées pour être jolies, tout le monde le disait.
Je suis tout sauf la Sophie de 4e B.
échelle de la Beauté
LOUISE, 24 ANS, RÉGION PARISIENNE.

la Beauté (est) blanche
même moi, les filles noires me dégoûtaient. Je ne trouvais pas de beauté chez mes semblables. Les Françaises, Suédoises, Italiennes, ces filles-là, je les trouvais éblouissantes.
tu ne seras jamais belle.
ma négritude me dégoûtait. Je me suis considérée laide jusqu'à mes 23 ans. Je ne voulais pas être noire.
miroir, miroir...
Dis-moi qui je suis ?

IL FAUT REMONTER LE COURS DE L'HISTOIRE POUR COMPRENDRE COMMENT, AU DÉBUT DES ANNÉES 2000, UNE JEUNE FEMME NOIRE PEUT EN ARRIVER À DÉTESTER AUTANT SA COULEUR DE PEAU.
ENTRE LE 15E ET LE 19E SIÈCLE, LES FRANÇAIS, MAIS AUSSI LES PORTUGAIS, LES HOLLANDAIS OU LES ESPAGNOLS ONT ORGANISÉ TOUT UN COMMERCE AUTOUR DE PRISONNIERS AFRICAINS REVENDUS COMME ESCLAVES.
Commerce triangulaire
AMÉRIQUE DU NORD
EUROPE
AFRIQUE
DES BATEAUX QUITTAIENT L'EUROPE POUR L'AFRIQUE, LES CALES REMPLIES DE TISSUS, D'ALCOOL, D'ARMES OU DE CÉRÉALES.
EN AFRIQUE, CES MARCHANDISES ÉTAIENT ÉCHANGÉES CONTRE DES HOMMES ET DES FEMMES.
LES BATEAUX REPARTAIENT EN AMÉRIQUE, OÙ LES ESCLAVES ÉTAIENT VENDUS CONTRE DU COTON, DU SUCRE OU DU TABAC.
CE COMMERCE A RÉDUIT 12,5 MILLIONS DE PERSONNES EN ESCLAVAGE. FORCÉES À TRAVAILLER, ELLES POUVAIENT ÊTRE TUÉES OU REVENDUES SELON LE BON VOULOIR DU MAÎTRE QUI LES POSSÉDAIT. LEUR CONDITION HUMAINE ÉTAIT RÉDUITE À CELLE D'UN ANIMAL DOMESTIQUE.

* DOCTEURE EN SCIENCES POLITIQUES.

SI LOUISE DÉTESTE AUTANT SA COULEUR DE PEAU, C'EST AUSSI PARCE QU'ELLE TROUVE TRÈS PEU DE REPRÉSENTATIONS POSITIVES DE FEMMES NOIRES DANS LES MÉDIAS, LES LIVRES OU LES FILMS.
moi, je voulais être Barbie, plus jeune.
Blonde, jolie et cheveux lisses.
La haine des cheveux afro était tenace. Il fallait "dompter" le cheveu crépu.
"Ce n'est pas beau, ce n'est pas propre, ce n'est pas digne."
mes parents étaient accros au défrisage, et moi aussi.
Beyoncé m'obsédait. C'était la fille parfaite.
Noire, mais belle. Avec des traits fins.
C'était l'icône, quoi. Je voulais être Beyoncé.

Je voulais juste être différente.
Je voulais juste être blanche, quoi.

* PSYCHOLOGUE CLINICIENNE EN PROTECTION DE L'ENFANCE ET MAÎTRESSE DE CONFÉRENCES EN PSYCHOLOGIE ET EN CLINIQUE TRANSCULTURELLE.

D'APRÈS LES PHOTOGRAPHIES DE KWAME BRATHWAITE, PHOTOJOURNALISTE AFRO-AMÉRICAIN DES ANNÉES 1960.

Ce n'est pas rien quand on a été conditionné à l'idée qu'être noir c'est être un objet.
C'est un travail très difficile, on ne peut pas le faire tout seul.
La violence s'enregistre dans la mémoire du corps. Quelque part, ça ne disparaît pas comme ça.
Une violence qui n'a pas été pensée, mise en mots, reconnue, elle ne s'oublie pas.
La génération suivante va en hériter.

CETTE LONGUE HISTOIRE PEUT AUSSI AVOIR DES CONSÉQUENCES LOURDES SUR LA SEXUALITÉ DES FEMMES NOIRES D'AUJOURD'HUI.
Avec ta bouche de Black, je te ferais bien des choses, toi.
STELLA TIENDREBEOGO, PSYCHOLOGUE ET SEXOLOGUE.
J'ai une patiente qui m'a raconté qu'à 13 ans on lui a dit :
AZERTYUIOP
QSDFGHJKL
Quand on entend ça à 13 ans, c'est une infraction au développement de la personne.
Ça te propulse dans un monde qui te place en tant qu'objet sexuel, direct.
C'est le stéréotype de la femme noire un peu chaudasse, avec qui on peut avoir des pratiques plus bestiales, sans se poser la question du consentement.

Il y a aussi le syndrome de la "superwoman noire". Cette obligation de montrer qu'on est forte, que tout va bien.
Quand on réussit à aller au bout de ses études et trouver un travail, on se dit : "Ça y est, j'y suis arrivée."
Alors qu'on pourrait aller plus loin, c'est juste un DROIT. Mais on n'ose pas car on se compare à ce que nos parents auraient pu vivre.
On se retrouve avec des frustrations, des sentiments d'échec qui mènent à la dépression, une sensation de vide et de tristesse.

*"MAMAN NOIRE ET INVISIBLE", ÉDITIONS LA BOÎTE À PANDORE, 2016.

On nous voit toujours à travers les mêmes stéréotypes négatifs : soumises, maternantes à l'extrême ou ne sachant pas tenir nos enfants.
Porter son enfant dans le dos ?
RÉTROGRADE
COOL
Quand on a la bonne couleur de peau et qu'on porte son enfant dans le dos, ça ne fait pas le même effet que quand on est noire. C'est une question de privilèges.

C'EST EN ARRIVANT À LA FAC QUE LOUISE PARVIENT À ENRAYER SES TOURMENTS D'ENFANCE.
ELLE DÉCOUVRE LE MOUVEMENT AMÉRICAIN BLACK FEMINISM, NÉ AUX ÉTATS-UNIS DANS LES ANNÉES 1970. IL EST PORTÉ PAR DES FEMMES NOIRES POUR DES FEMMES NOIRES QUI LUTTENT CONTRE LES OPPRESSIONS ET LES DISCRIMINATIONS SEXISTES, RACISTES ET DE CLASSE.
L'AFRO-AMÉRICAINE ANGELA DAVIS EST L'UNE DES FIGURES EMBLÉMATIQUES DE CE MOUVEMENT.
AUX CÔTÉS D'AUTRES FÉMINISTES NOIRES, ELLE SOULIGNE LE FAIT QUE LES COMBATS POUR L'ÉMANCIPATION DES FEMMES NE SONT PAS LES MÊMES POUR LES FEMMES NOIRES ET LES FEMMES BLANCHES.

EN FRANCE, LE MOUVEMENT AFRO-FÉMINISTE A PRIS DE L'AMPLEUR DEPUIS UNE DIZAINE D'ANNÉES. IL RÉUNIT DES FEMMES NOIRES QUI NE SE RECONNAISSENT PAS DANS LES COURANTS FÉMINISTES TRADITIONNELS, PORTÉS PAR DES FEMMES BLANCHES SOUVENT ISSUES DE MILIEUX SOCIAUX AISÉS.
LES MILITANTES DÉNONCENT LE FAIT QU'ELLES SONT INVISIBLES EN TANT QUE FEMMES DANS LES MOUVEMENTS ANTIRACISTES ET INVISIBLES EN TANT QUE NOIRES DANS LES MOUVEMENTS FÉMINISTES. ELLES VEULENT SE DÉTACHER DES IMAGES STÉRÉOTYPÉES DE FEMMES "EXOTIQUES" OU "HABITANT LES QUARTIERS POPULAIRES" AUXQUELLES ON LES ASSOCIE SOUVENT.
LOUISE COMPREND ALORS QUE SES COMPLEXES VIENNENT DE TOUS CES CLICHÉS CONSTRUITS HISTORIQUEMENT. SON ENGAGEMENT DANS L'AFRO-FÉMINISME EST COMME UNE LIBÉRATION.

@RebeccaChaillon
@AïssaMaïga
@lespuissantes
@SharoneOmankoy
@yseult
AUJOURD HUI, LOUISE MILITE, DIGNE ET FIÈRE, POUR LES DROITS DES FEMMES NOIRES, AUX CÔTÉS DE TANT D'AUTRES FÉMINISTES NOIRES QUI REPRENNENT LA PAROLE, CRÉENT, PRODUISENT DES ANALYSES POLITIQUES, ÉCRIVENT ET COMBLENT LE VIDE DANS DE MULTIPLES DOMAINES.
@amandineGay
@fadilyCamara
@Rokhayadiallo
@LauraNsafou
@lousandtheYakuza

* "À NOS HUMANITÉS RÉVOLTÉES", LES ÉDITIONS MÉTAGRAPHES, 2018.

Bande niafou, sales négresses, bandes de Noires, bandes de salopes, bandes de putes
Regarde-nous, les négresses sales, les niafous, les putes, les Noires
Regarde-nous protester, puissantes, réaliser l'impensable, foutre le feu
Regarde-nous, laides, agressives, hystériques, menaçantes, terrifiantes
Regarde-nous marcher, regarde-nous résister,
Regarde-nous voler, regarde-nous danser, prendre toute la place, célébrer nos souffrances, glorifier nos résistances, raconter nos histoires inoubliables.
Regarde-nous dompter le vent, remplacer le ciel, regarde-nous renverser le monde et devenir, devenir le centre de l'Univers.
Je suis une idéaliste énervée et une incurable optimiste.

Parler des femmes noires, ce n'est pas communautaire.
C'est parler de l'humanité, en fait.
On devrait tous arriver à se voir dans l'expérience d'une femme noire.
Ce n'est pas parce qu'une femme noire fait la couverture d'un magazine que ce magazine ne s'adresse qu'aux Noires.
Comme si les Noirs ne pouvaient pas représenter l'humanité.
J'ai la vingtaine, je suis parisienne, j'ai envie de crier, de parler, de voir le monde changer.

CET INCURABLE ESPOIR DE CHANGEMENT ET CETTE NÉCESSITÉ DE DONNER À VOIR DES MODÈLES JOYEUX, POSITIFS ET FLAMBOYANTS SE RETROUVENT DANS LA FANFARE AFRO-FÉMINISTE 30 NUANCES DE NOIR(ES).
La première fois que j'ai rejoint la parade, ça a été une claque visuelle.
Je me suis retrouvée face à une dizaine de femmes noires, de toutes morphologies.
Qui dégageaient toutes une beauté et une personnalité.
Ça m'a fait un bien fou.
JILA, 27 ANS, DANSEUSE.
CRÉÉE PAR SANDRA SAINTE ROSE FANCHINE, CETTE PARADE MÊLE MUSIQUE AFRICAINE, CARIBÉENNE, AFRO-AMÉRICAINE.

DES FEMMES NOIRES S'AVANCENT, DROITES ET FIÈRES, ELLES SE FONT VOIR ET ENTENDRE. ELLES, SI NOMBREUSES À AVOIR FAIT L'EXPÉRIENCE DE L'INVISIBILITÉ.
Cette fanfare est comme une armure, il y a une vraie puissance.
On veut montrer aux jeunes filles noires qu'on a une présence et que cette présence est légitime.
UN CONVOI DE FEMMES QUI SE REDRESSENT, ULTRA-BRILLANTES, ET QUI DÉFILENT DANS UNE POSITION DE FLAMBOYANCE, QUI PRENNENT LE POUVOIR DE TOUT.

CE REPORTAGE A ÉTÉ ÉLABORÉ À PARTIR DE "UN PODCAST À SOI", RÉALISÉ PAR CHARLOTTE BIENAIMÉ, POUR ARTE RADIO, EN ACCÈS LIBRE SUR ARTERADIO.COM.

« On est une famille, on se dit tout, non ? »

Invitée pour remettre le prix du meilleur espoir féminin, lors de la cérémonie des Césars en 2020, la comédienne Aïssa Maïga a lancé un appel aux réalisateurs et aux producteurs.

Le cinéma a un rôle à jouer

« Bonsoir la famille, ça fait plus de deux décennies qu'à chaque fois que je me retrouve comme ça, dans une grande réunion du métier, c'est plus fort que moi, je ne peux pas m'empêcher de compter le nombre de Noirs dans la salle. Je crois qu'on est douze… comment on dit ? Beurs, Blacks, Nouaches, Chinois, Beurettes ? » Lors de la cérémonie des Césars, en 2020, le puissant discours de l'actrice Aïssa Maïga, venue remettre un trophée, a marqué les spectateurs. *« On a survécu aux rôles de dealers, aux femmes de ménage à l'accent gouana, on a survécu aux rôles de terroristes, à tous les rôles de filles hyper-sexualisées. On est une famille, on se dit tout, non ? La bonne nouvelle, c'est que l'inclusion, elle ne va pas se faire sans vous, vous tous qui n'êtes pas forcément impactés par les questions liées à l'invisibilité ou aux stéréotypes et à la couleur de la peau. Quand vous allez voir des équipes de tournage, des casting monochromes, quand vous êtes dans les lieux où on décide où vont les financements, pensez inclusion. Parce que nous, on n'est pas assez nombreux et on n'a pas toutes les clés et, surtout,* ***ce qui se joue dans le cinéma, ça ne concerne pas que notre milieu hyper-privilégié, ça concerne toute la société.*** *Faisons une maison, plutôt qu'une vitrine, qui soit fière, fière d'inclure toutes les différences, fière pour que les jeunes, qui nous regardent, soient eux-mêmes fiers de la recevoir en héritage. »*

Noire n'est pas un métier

« Je ne demande pas à avoir que des rôles de juge, d'avocate ou de médecin, car toutes les trajectoires humaines sont intéressantes », plaide encore Aïssa Maïga dans une interview à Konbini un an plus tard, alors qu'elle vient de réaliser avec Isabelle Simeoni, *Regard noir*, un documentaire diffusé sur Canal+, dans lequel elles explorent la représentation des femmes noires au cinéma. ***« Mais il faut que ce soit équilibré pour tous les acteurs et les actrices. »***

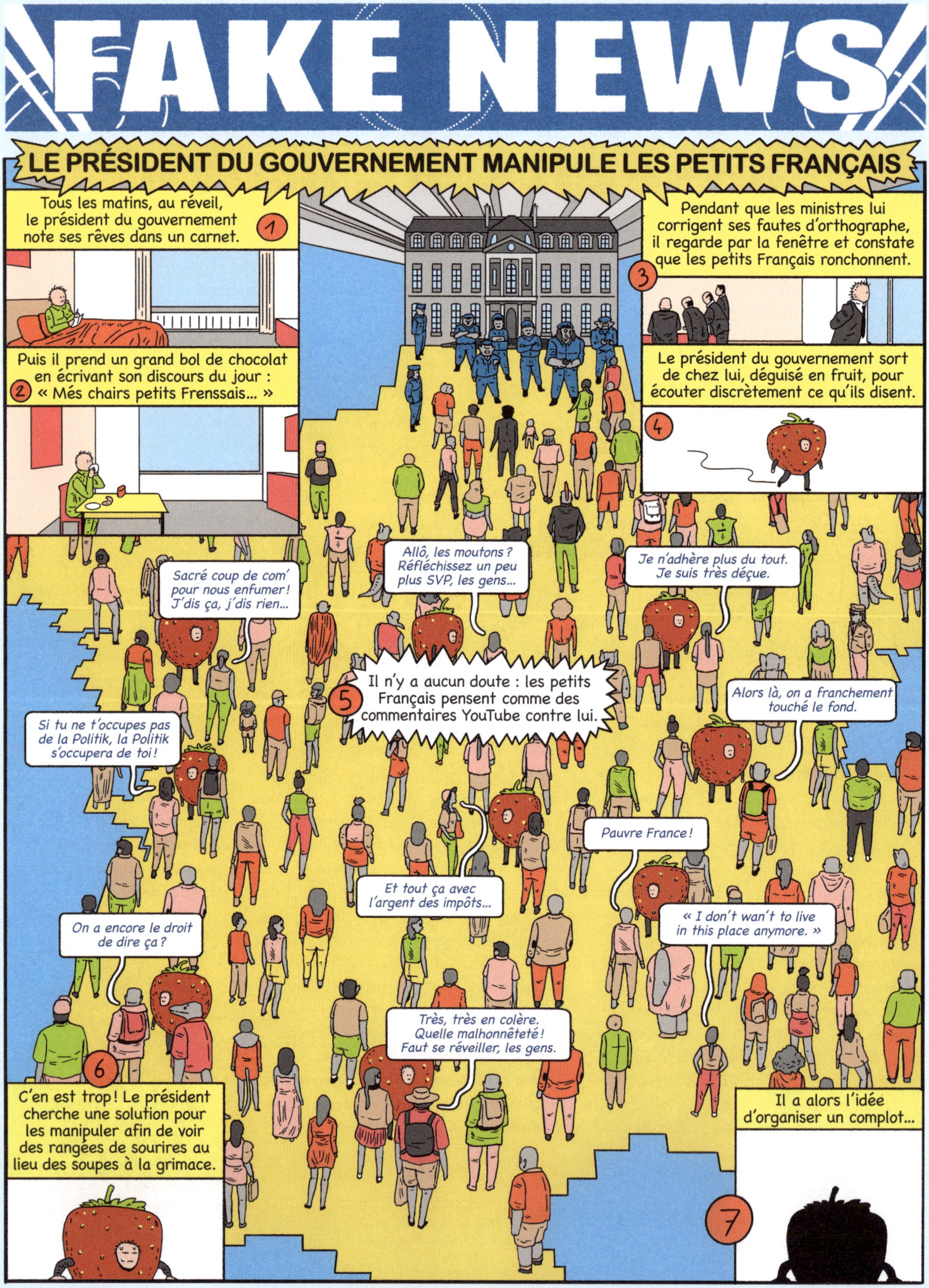
FAKE NEWS
LE PRÉSIDENT DU GOUVERNEMENT MANIPULE LES PETITS FRANÇAIS
Tous les matins, au réveil, le président du gouvernement note ses rêves dans un carnet. 1
2 Puis il prend un grand bol de chocolat en écrivant son discours du jour : « Més chairs petits Frenssais... »
Pendant que les ministres lui corrigent ses fautes d'orthographe, il regarde par la fenêtre et constate que les petits Français ronchonnent. 3
Le président du gouvernement sort de chez lui, déguisé en fruit, pour écouter discrètement ce qu'ils disent.
4
Sacré coup de com' pour nous enfumer ! J'dis ça, j'dis rien...
Allô, les moutons ? Réfléchissez un peu plus SVP, les gens...
Je n'adhère plus du tout. Je suis très déçue.
5 Il n'y a aucun doute : les petits Français pensent comme des commentaires YouTube contre lui.
Si tu ne t'occupes pas de la Politik, la Politik s'occupera de toi !
Alors là, on a franchement touché le fond.
Pauvre France !
Et tout ça avec l'argent des impôts...
On a encore le droit de dire ça ?
« I don't wan't to live in this place anymore. »
Très, très en colère. Quelle malhonnêteté ! Faut se réveiller, les gens.
6
C'en est trop ! Le président cherche une solution pour les manipuler afin de voir des rangées de sourires au lieu des soupes à la grimace.
Il a alors l'idée d'organiser un complot...
7

Léon MARET 2021

ÇA PART EN LIVE

Des clics et du cash

Combien gagnent les artistes ? Quels sont leurs revenus lorsque leur musique est mise sur une plate-forme de streaming ? Parlons-en, parlons cash.

Par **Vincent Brunner** et **Thomas Gosselin**

Il y a cent ans, on écoutait la musique comme ça : à la radio, en concert ou sur un électrophone.
Je peux mettre un petit Mozart ?
Maintenant, écouter de la musique ressemble plutôt à ça :
TOPO
Mais, de tout temps, que l'on soit au Moyen Âge...
En bande, oyez, oyez, personne ne peut nous empeschier...
Du jambon et une paillasse pour le troubadour !
... ou aujourd'hui, on peut gagner sa vie en étant musicien.
En bande organisée, personne peut nous canaliser !
268 432 480 vues
Il y a quelques années, l'économie de la musique était simple à comprendre. Prenons une fan de Madonna des années 1990 :
Madonna touchait quelques euros sur chaque disque vendu.
MADONNA
Elle touchait aussi des droits sur les produits dérivés, sur ses livres et sur le prix des billets pour les films dans lesquels elle jouait.
DESPERATELY SEEKING SUSAN
Et aussi, forcément, sur les places de concert.
Ça ne s'arrêtait pas là : dès que ses chansons étaient diffusées, elle touchait aussi des droits d'auteurs, des royalties, si vous voulez faire pro.
like a virgin

Maintenant, prenons une fan d'Angèle, en 2021 :
Donc laisse-moi te chanter d'aller te faire
Produits dérivés officiels d'Angèle
Angèle, forcément, touche de l'argent sur les places de concert.
Entre les années 1980 et aujourd'hui, il s'est passé quelque chose d'important : la musique s'est, en grande partie, dématérialisée !
Heu, c'est possible de parler moins fort? J'écoute Angèle en streaming !
1999 : la musique se transforme en fichiers numériques qui s'échangent sur un site de partage comme Napster.
Cool, je peux télécharger gratos le dernier Eminem !
2001 : Apple lance iTunes, son magasin en ligne, pour favoriser le téléchargement payant.
Cool, je peux acheter le dernier Eminem ... À moins que je le pirate ?
2006 : la société suédoise Spotify lance son site de streaming, bientôt suivie par Deezer, Tidal, etc.
Cool, je vais mettre le dernier Eminem dans ma playlist.
L'arrivée des sites de streaming a tout bouleversé, rendant la musique plus accessible tout en posant la question de la valeur.
Combien pour le nouveau Billie Eilish ?
Zéro euro, mais je suis prête à écouter de la pub avant !
Avant, pour les artistes, c'était relativement simple de savoir combien les disques rapportaient. Avec toutes les offres de streaming, c'est... labyrinthique.
ABONNEMENT FAMILIAL
$
VOTRE ARGENT VOUS ATTEND À LA SORTIE
PREMIUM
ABONNEMENT ÉTUDIANT

Pourtant, les plates-formes comme Spotify gagnent beaucoup d'argent grâce aux abonnements.
Spotify reverse deux tiers de cette valeur, soit un milliard de dollars tous les trois mois.
Le reste, c'est pour vous, les artistes !
OUAIS !!
Le problème, c'est que les plus gros artistes, représentant 1 % de la musique streamée sur Spotify, repartent avec 90 % des sommes versées !
Ça dérange personne si je me sers en premier ?
Heu… pas de problème…
Selon le mouvement Pay Performers, les artistes qui ont les morceaux streamés 100 000 fois touchent au maximum 100 euros.
Heu, vous êtes sûrs ? Personne ne s'est trompé dans les calculs ?
L'argent n'est pas remis directement aux musiciens, mais à des intermédiaires, les ayants droit : les maisons de disque, une société de gestion des droits comme la Sacem ou des distributeurs numériques.
Voici l'argent pour vos artistes !
Pas de problème, je leur passerai.
Hé, on est là, en fait…
Alors comment Russ, le rappeur d'Atlanta, peu connu en France, peut-il gagner, comme il l'affirme, entre 80 000 et 90 000 euros par semaine ?
Le streaming, j'adore !!
D'abord parce qu'il atteint le milliard de streams par an, mais aussi parce qu'il est INDÉPENDANT.
Et voici l'argent pour l'artiste Russ…
Oui, c'est moi, aboule !
Ah OK.

Ces dernières années, vu le peu d'argent rapporté par la vente de musique, les concerts sont devenus cruciaux.
MERCI, cher public, pour ton soutien!
Car, pendant les concerts, on peut écouler du merchandising.
Et n'oubliez pas de faire un tour sur mon stand! Ce soir, promo sur les tee-shirts, 1 offert pour 3 achetés, je répète, 1 offert pour 3 achetés...
Certains artistes vont plus loin en vendant des accès VIP ou des photos avec leur star préférée, comme l'acteur chanteur Jared Leto qui demande 299 $.
Cheese... Au suivant!
C'est le plus beau jour de ma vie!
En France, multiplier les concerts permet d'obtenir des cachets, et, sous certaines conditions*, obtenir le statut d'intermittent du spectacle.
Vous êtes chauds, ce soir?!
*Avoir travaillé 507 heures durant les 319 derniers jours.
Quand ils n'ont pas de live prévu...
... ce statut leur assure une sécurité : ils touchent une allocation-chômage.
Forcément, quand les concerts sont interdits, comme en 2020 et une partie de 2021 pendant la crise due au Covid, la situation se complique.
nouvelle tournée
LYON ANNULÉ
GRENOBLE ANNULÉ
CHAMBÉRY ANNULÉ
TOULOUSE ANNULÉ ANNULÉ
MARSEILLE ANNULÉ
Car les live servent aussi à faire la promo de sa musique. Sans concert, ce cercle vertueux disparaît.
MUSIQUE
PROMO
TOURNÉE
PLUS DE PROMO

Certaines stars comme Billie Eilish ou Gims ont innové en donnant des live streams. Des concerts virtuels que l'on regarde sur écran, après avoir payé sa place.
Emma, tu viens manger ?
Chut, j'ai mon concert qui commence, je peux pas laisser ma place !
Mais cette solution nécessite un lieu classe, des moyens de production - au minimum 32 000 euros, selon l'Anglais Ric Salmon, de la société Driift*.
Pas facile, le live stream !
* "Libération" du 7 novembre 2020.
Concernant les intermittents, suite à cette "année blanche", le versement de l'allocation est assuré jusqu'en août 2021. Mais après ?
CALENDRIER 2021
JAN FEV MAR AVR MAI JUI
AOÛ SEPT OCT NOV DEC
Surtout, l'allocation est conçue comme un complément, pas comme le revenu principal des intermittents.
Ça passera peut-être mieux avec du Ketchup ?
Mélissa Phulpin, qui manage et accompagne des artistes tels qu'Eddy de Pretto ou Aloïse Sauvage en tant que manageuse ou attachée de presse, témoigne :
La période est surtout difficile pour les artistes en développement.
"Beaucoup réfléchissent à avoir un boulot alimentaire à côté" :
Cela vous fera 30 tee-shirts et 50 streams, heu pardon, 30 euros et 50 centimes...
"Quelqu'un comme Aloïse Sauvage*, qui a sorti son album juste avant le confinement... encore heureux qu'elle a le cinéma ou les fictions télé !"
À la place de la tournée, un petit tournage ?
*Voir Topo n° 23.

Une des conséquences de la mutation du métier de musicien c'est parfois de toucher à tout : composer de la musique pour le cinéma, le théâtre.
Ça va être trop cool de voir mon nom sur grand écran !
Mais il faut souvent avoir un "nom" ou de l'expérience pour décrocher ce genre de collaboration.
Musique : Sébastien Tellier
Désolé, la production t'a remplacé, tu comprends...
Les artistes français débutants ont la chance d'avoir des dispositifs comme le FAIR, qui a aidé Christine & the Queens ou NTM avec de l'argent,
① TOUCHEZ 10 000 EUROS !!
les a aidés à donner leurs premiers concerts...
② LIVE!
et à se professionnaliser.
③
CONTRATS
Comme d'autres organismes soutiennent les musiciens débutants, il faut savoir préparer des dossiers de candidature... et ce n'est pas toujours évident.
Sinon, il faut se tourner vers le privé... Les marques soutiennent les musiciens. Enfin, pas toutes.
Heu... T'es sûre ?
TASER

Pendant un temps, décrocher une synchro publicitaire - avoir sa musique utilisée dans une pub - revenait à décrocher le jackpot.
C'est cool, la pub, hein ?
Maintenant, à part une grosse pub diffusée dans le monde entier, ça rapporte entre 4000 et 50000 euros, selon Mélissa Phulpin. "Les marques estiment que ça donne une super exposition aux artistes."
Seulement ?!
Oui, mais cette pub vous fait une bonne pub, non ?
En revanche, le vrai bon plan, c'est de donner des concerts privés pour les marques... pour peu qu'elles soient en accord avec vos valeurs.
Merci encore, heu, aux matraques Pandantagueule pour l'invitation !
En juillet 2019, la chanteuse Clara Luciani expliquait dans le journal "Télérama" que des partenariats avec des marques et des concerts privés lui permettaient de (mieux) vivre de sa musique.
Les gens s'imaginent qu'on est riches parce qu'on passe à la radio...
Si vous saviez le niveau de mes cachets... J'ai gagné 160 euros pour un Olympia complet.
Je ne me plains pas... Quand la tournée a commencé, je n'étais personne.
Être musicien en 2021, c'est plein d'activités différentes à la fois.
① Il faut savoir gérer sa communication sur et en dehors des réseaux sociaux.
Instagram
Hello, les amis, voici ma nouvelle vidéo, j'espère que vous aimerez. Cœur avec les doigts !
② Être un bon "chasseur de têtes" et savoir bien s'entourer des gens qui vont vous aider.
Tu vas voir, je vais faire de toi le nouveau Johnny Hallyday.
③ Et ne pas oublier d'être créatif, bien sûr, et de persévérer.

CLAIR ET NET

À QUI APPARTIENT INTERNET ?

Par **Baptiste Bouthier** et **Darshan Fernando**

En EUROPE, il existe des règles assez strictes en la matière, que l'on appelle RGPD («règlement général sur la protection des données»).
Elles ont limité les dégâts pour nous, utilisateurs français de WHATSAPP.
MAIS pour de très nombreuses personnes ailleurs dans le monde, WhatsApp transmet désormais à Facebook des infos comme leur NUMÉRO, leur NOM, leur adresse IP...
Une collecte de données à but commercial, pour proposer des services ou des PUBS ciblés.
Wow. Comment ont-ils su?
PUB
K-POP
-30%
Mais pourquoi WhatsApp fait ça?
Eh bien, parce que... WhatsApp appartient à Facebook, tout simplement.
C'est une RÉALITÉ que l'on a tendance à oublier: la plupart des SITES, RÉSEAUX ou APPLIS les plus utilisés au monde appartiennent à une poignée d'entreprises.

Ce sont les fameux GAFA ou GAFAM,
un acronyme qui reprend l'initiale de chacun de ces groupes :
GOOGLE, AMAZON, FACEBOOK, APPLE et MICROSOFT.
Leur point commun : EXERCER, seuls ou ensemble, un quasi-MONOPOLE sur Internet.
Qui fait que rien ne leur échappe, ou presque.
FACEBOOK possède donc WHATSAPP. Mais aussi MESSENGER, INSTAGRAM, rien que ça !
Soit trois applis revendiquant des milliards d'utilisateurs dans le monde.
GOOGLE, lui, ne se contente pas d'être un monopole sur les moteurs de recherche (plus de 90% des requêtes mondiales). Il possède aussi YOUTUBE, CHROME, WAZE.
MICROSOFT n'est plus, depuis longtemps, que le simple fabricant de WINDOWS :
il possède...
SKYPE,
la XBOX,
LinkedIn, Outlook...
Son concurrent historique APPLE a sa large gamme de produits (Mac, iPhone, iPod) mais a aussi racheté ces dernières années SHAZAM.
AMAZON, enfin, règne sans partage sur le commerce en ligne et possède TWITCH et PRIME VIDEO.

C'est comme si tout Internet tenait dans les mains de quelques-uns.
ENSEMBLE :
GOOGLE (Chrome) et MICROSOFT (Edge, Internet Explorer) se partagent 80 % du marché des navigateurs Internet.
APPLE (MacOs) et MICROSOFT (Windows) équipent la plupart des ordinateurs du monde.
APPLE (iPhone) et GOOGLE (Android) équipent la quasi-totalité des téléphones portables de la planète.
Les uns et les autres dominent aussi le marché des emails, celui du téléchargement de musique payant…
Des chiffres qui donnent le tournis… et qui laissent peu de place aux autres !
Certains ont néanmoins réussi à grandir sans se faire racheter : SNAPCHAT, TIKTOK, NETFLIX, SPOTIFY…
Mais, pour eux, il semble n'y avoir que deux options : être racheté par les GAFAM, ou racheter d'autres apps ou réseaux et parvenir à intégrer le cercle très restreint des GAFAM.
Déso, les gars…
Ça va pas l'faire.
Dans les deux cas, ce n'est pas une très bonne nouvelle pour nous, les utilisateurs.

Les Maîtres du jeu

L'armée vise les gameurs

Face à un recrutement de plus en plus difficile, les militaires se sont tournés vers l'e-sport et le jeu vidéo pour renflouer leurs troupes. Gameurs, vous êtes dans le viseur !

Par **Pierre Corbinais** et **Halfbob**

Il suffit d'entrer dans un magasin de jeux vidéo pour se rendre compte que le jeu vidéo aime les militaires.
CALL OF DUTY MODERN WARFARE
TOM CLANCY'S GHOST RECON WILDLANDS
THE DIVISION 2
GAME STORE
GAME STORE
Ce qu'on ne sait pas forcément, c'est que les militaires le lui rendent bien.
TEKKEN 7
FORTNITE
Le studio Activision Blizzard (Call of Duty), par exemple, fait souvent appel à d'anciens militaires pour améliorer le réalisme de ses jeux.
Non, là, vous voyez, ça ne va pas du tout ! Quand on meurt sur un champ de bataille, on ne revient pas, normalement !
PAN !
PAN !
PAN !
PAN !
Et, de son côté, pour rester à la pointe, l'armée américaine fait parfois appel à des créateurs de jeux vidéo.
En fait, ce qu'il vous faudrait, c'est pouvoir faire revenir les soldats morts sur le champ de bataille !
Dave Anthony, auteur de Call of Duty: Black Ops I, II, III et IIII *.
* Non, ce n'est pas une erreur : Activision a du mal avec les chiffres romains !
Activision Blizzard a créé un fonds de dotation Call of Duty pour aider les vétérans de l'armée.
Voilà ! Pour vous aider à trouver un emploi après l'armée !
Oooh, de l'argent ! Pile ce que je voulais !
Et il arrive à l'armée américaine de sponsoriser des événements jeux vidéo.
Voilà ! Pour financer la Call of Duty League !
Oooh, de l'argent ! Pile ce que je voulais !

Mais les liens entre armée et jeux vidéo vont encore plus loin que ça, et depuis longtemps.
1980
Atari sort le jeu de simulation de char d'assaut Battlezone.
BATTLEZONE
1980
TOUJOURS
Atari, à la demande de l'armée, sort Army Battlezone, pour l'entraînement des pilotes de chars d'assaut.
C'est le début d'une longue tradition de modification des jeux vidéo, pour qu'ils puissent être utilisés comme outils de formation par l'armée.
1994: Doom II devient Marine Doom.
Et après ça, vous me ferez 50 pompes, tas de chiffes molles !
2002: Bohemia Interactive, créateur de DayZ, lance pour l'armée Virtual Battlespace.
Greuarrrr !
Une adaptation de Virtual Battlespace, Spartacus, est actuellement utilisée par l'armée française.
Comme vous le voyez, on épaule, on vise et on appuie sur la détente !
Détente droite ou détente gauche ?
Actualité oblige, Spartacus s'est doté de modélisations 3D de Paris et de simulations de foules pour entraîner les soldats à une éventuelle attaque terroriste.
Houlà, il n'est pas très fun, votre jeu, là !
Vous n'auriez pas plutôt un bon vieux FIFA ?

Mais plus encore que pour la formation, l'armée a appris à se servir du jeu vidéo à des fins de recrutement.
Et il n'est pas difficile de comprendre pourquoi.
Profil type du joueur de jeux de guerre.
Profil type de la recrue de l'armée.
Jeune
Garçon
Certain attrait pour les armes
Jeune
Garçon
Certain attrait pour les armes
Tous les joueurs de jeux de guerre n'ont évidemment pas le profil à s'engager dans l'armée, mais on en trouve quand même plus que, disons, sur les forums de broderie.
Oui, bof, ça se discute !
En 2002, l'armée américaine a ainsi dépensé 7,5 millions de dollars pour développer America's Army, un jeu gratuit destiné à donner une bonne image de l'armée aux joueurs.
Mais... et les aides aux vétérans ?
Et aux familles des disparus ?
UN JEU VIDÉO J'AI DIT !!!
Mission accomplie puisque le 4e opus de America's Army, Proving Grounds, est disponible aujourd'hui sur Steam et qu'un 5e est en développement !
Se faire bourrer le crâne de propagande militariste, et tout ça gratuitement ?
Merci, l'US Army !
L'armée française, elle, finance jeuxvidéo.com pour la diffusion de pubs ou de tweets sponsorisés pour ses campagnes de recrutement.
jeuxvidéo.com
Quel militaire seriez-vous ? Faites le test ! #sponso
jeuxvidéo.com
COIN COIN
Le Jeu Vidéo !
jeuxvidéo.com
Quel soldat seriez-vous ? Faites le test ! #sponso

Fin 2018, l'armée américaine a franchi un nouveau palier en créant une équipe d'e-sport au sein de ses troupes.
PFF.
Houlà.
Aïe.
Rolàlà.
J'AI EU UNE AUTRE IDÉE !!!
Deux camions-remorques ont ainsi été aménagés en salle de jeux pour transporter l'équipe de tournoi en tournoi.
Désolé, je suis malade quand ça roule !
Le but assumé étant évidemment de s'en servir comme outil de recrutement.
Ouah, mais en fait, c'est trop cool, l'armée !
Ouais, ils jouent aux jeux vidéo toute la journée !
Hinhinhin !
En 2020, le Covid-19 étant passé par là, il a fallu adapter la stratégie.
Et donc, pour le retrait progressif des troupes en Irak, on pourrait…
JE SAIS !!! ON VA STREAMER DES JEUX VIDÉO SUR TWITCH !!!
Sauf que, sur Twitch, des petits malins ont saturé le chat pour interroger l'armée sur ses crimes de guerre.
Heu…
Je…
Je…
Kingcrume : Et sinon, les massacres de civils, on en parle ?
Moshgroban : Au fait, vous aussi, vous avez violé et tué des filles de 14 ans ?
Semutafan68 : Et les frappes de drones sur les mariages, ça vous dirait de nous en dire deux mots ?
En panique, l'équipe de modération a fait ce qui lui semblait le plus sensé.
Hop, toi, je te ban.
Ban.
Toi aussi, je te ban.
Toi aussi, ban.
Hop, ban.
Ban.
Ban.
Ban.

Mais une organisation gouvernementale qui bannit des spectateurs de son stream, c'est une violation du premier amendement de la Constitution américaine, qui garantit la liberté d'expression.
MAKE AMERICA GREAT AGAIN
FREE SPEECH!
FREE SPEECH
FREE SPEECH
FREE SPEECH
ET ON KIFFE TOUS NOTRE PREMIER AMENDEMENT !!!
FREE CHELSEA MANNING!
Pour compléter le fiasco, l'armée US a aussi organisé un concours pour gagner des manettes de Xbox... dont le lien renvoyait vers un formulaire d'engagement !
CLIQUE ICI
ET TENTE DE GAGNER UNE MANETTE DE XBOX ! (*)
(*) En cliquant sur ce lien, tu t'engages dans l'armée pour une durée de huit ans !
En réaction, la représentante démocrate Alexandria Ocasio-Cortez a proposé, en vain, un amendement visant à interdire à l'armée de faire sa promotion auprès des plus jeunes.
Les enfants ne devraient pas être ciblés par du marketing, quel qu'il soit !
BZZZZZZZ
Qui est avec moi ?
L'équipe d'e-sport de l'armée est revenue sur Twitch, mais doit désormais composer avec les trolls qui monopolisent le chat 24 heures sur 24.
Je...
Heu...
AustinFoChoYo : Combien je dois torturer de civils pour gagner une manette Xbox ?
DooFLord : Alors, comme ça, on recrute chez les mômes ? Ce n'est pas joli-joli !
14chesnuts : On arrive à quel total de personnes tuées, en fin de carrière, dans l'armée ?
Et qu'on approuve ou non sa méthode de recrutement...
Je prends le créneau 18 h – 20 h !
Et moi, celui de 20 h – 22 h !
Quelqu'un pour assurer jusqu'à minuit ?
Je m'en occupe ! Il est 3 heures plus tôt sur la côte Ouest !
... il est plutôt amusant de voir l'armée la plus puissante du monde se faire troller par une bande de jeunes organisés sur Discord !

Voir et savoir

LE 12 JUILLET 2006, ISRAËL LANCE UNE VASTE OFFENSIVE SUR LE LIBAN, APRÈS L'ENLÈVEMENT À SA FRONTIÈRE DE DEUX DE SES SOLDATS ET LA MORT DE HUIT AUTRES. SES RAIDS AÉRIENS PILONNENT BEYROUTH ET LE SUD DU LIBAN, CONTRAIGNANT PLUS D'UN MILLION DE LIBANAIS À FUIR LES BOMBARDEMENTS. TRENTE-TROIS JOURS PLUS TARD, UN CESSEZ-LE-FEU DÉCLARÉ PAR L'ONU ENTRE EN VIGUEUR. CETTE PHOTO A ÉTÉ PRISE LE LENDEMAIN, LE 15 AOÛT 2006.

Par **Pauline Auzou** et **Fabien Roché**

CE QUI FRAPPE IMMÉDIATEMENT, C'EST LA RICHESSE ET L'INSOUCIANCE DE CES JEUNES DANS LEUR VOITURE DÉCAPOTABLE ET LES DÉCOMBRES DE L'ARRIÈRE-PLAN. LA VOITURE EST ROUGE VIF, LES LUNETTES DE SOLEIL SONT DERNIER CRI. UNE DES JEUNES FEMMES PREND DES PHOTOS AVEC SON TÉLÉPHONE PORTABLE. UNE AUTRE S'EST COUVERT LE NEZ D'UN MOUCHOIR POUR RESPIRER. NOUS SOMMES DANS LA BANLIEUE SUD DE BEYROUTH ET, DANS CE DÉCOR DE DÉSOLATION, LE CONTRASTE EST SAISISSANT.

A-T-ON VRAIMENT BESOIN D'UNE LÉGENDE POUR COMPRENDRE QUE NOUS AVONS AFFAIRE À DES JEUNES RICHES VENUS FAIRE DU « TOURISME DE GUERRE » DANS UN QUARTIER PAUVRE ET DÉTRUIT ?

EN RÉALITÉ, CES JEUNES FEMMES HABITENT DANS CE QUARTIER. RÉFUGIÉES DANS UN HÔTEL DU CENTRE DE BEYROUTH PENDANT LA DURÉE DU CONFLIT, ELLES PROFITENT DU PREMIER JOUR DU CESSEZ-LE-FEU POUR CONSTATER L'ÉTENDUE DES DÉGÂTS DANS LEUR IMMEUBLE. ON LES CROIT AMUSÉES ALORS QU'ELLES SONT BOULEVERSÉES.

PAS DE MILITAIRES, PAS DE MÈRE ÉPLORÉE, PAS DE CORPS EN SANG. POUR RACONTER LA GUERRE, SPENCER PLATT, LE PHOTOGRAPHE AMÉRICAIN, A CHOISI DE MONTRER DES RUINES ET DES VICTIMES QUI SORTENT DES IDÉES REÇUES.

CE CLICHÉ A REMPORTÉ LE PRIX PRESTIGIEUX DU WORLD PRESS PHOTO AWARD 2006. POUR LA PRÉSIDENTE DU JURY, « ON NE SE LASSE PAS DE REGARDER CETTE PHOTO. ELLE CONTIENT LA COMPLEXITÉ ET LA CONTRADICTION DE LA VRAIE VIE, AU MILIEU DU CHAOS. ELLE VOUS FAIT DÉPASSER L'ÉVIDENCE ».

LA QUESTION DU MOMENT

Le patriarcat, c'est quoi ?

Jeu de construction, d'exploration ou déguisements de super-héros pour les garçons. Dînettes – roses, bien sûr –, aspirateurs et robes de princesse pour les filles. Dans les magasins, les rayons sont bien distincts et les jouets proposés en disent long sur les ambitions que les enfants pourront avoir dans la vie. Mais comment en est-on arrivé là ? Pourquoi la frontière entre les filles et les garçons est-elle si bien définie ?

Par **Estelle Cholet** et **Thibaut Soulcié**

LE PATRIARCAT, C'EST QUOI ?
LA PETITE ROBERTE
R
C'EST LE MÉLANGE DE DEUX MOTS GRECS : « PÈRE » ET « COMMANDER ».
ÇA COMMENCE BIEN !
LE TERME DÉSIGNE UN SYSTÈME DANS LEQUEL LES HOMMES DÉTIENNENT LE POUVOIR.
ALLONS VOIR COMMENT ÇA MARCHE !
MATERNITÉ ÉRIC ZEMMOUR
DÈS LA NAISSANCE, SELON LE SEXE QU'ON A...
OH, DES JUMEAUX !
HOP
RE-HOP
... ET SANS QU'IL SOIT QUESTION DE MÉRITE OU DE TALENT...
FILLES
GARÇONS
UNE SOCIÉTÉ PATRIARCALE VA ORIENTER, IMPOSER OU INFLUENCER TOUTE UNE SÉRIE DE DÉCISIONS OU DE CHOIX...
SELON QUE L'ON EST HOMME OU FEMME, LE MONDE DANS LEQUEL ON GRANDIT NE NOUS OFFRIRA PAS LES MÊMES OPPORTUNITÉS, ENCOURAGEMENTS OU OBSTACLES.
C'EST CELA, LA CONSTRUCTION DU GENRE

L'ASSIGNATION À UN GENRE, C'EST LA PETITE ÉTIQUETTE QU'ON COLLE SUR LES INDIVIDUS.
THUMP
LE SEXE N'Y EST POUR RIEN.
L'ÉTIQUETTE AURA UNE MULTITUDE DE CONSÉQUENCES ET D'IMPORTANTES RÉPERCUSSIONS CULTURELLES...
LE PARCOURS DE LA VIE
FOOT OU POUPÉE ? DÉJÀ LE PIÈGE DU GENRE SE REFERME.
BRAVO, VLADIMIR !
ROSE POUR LES FILLES, BLEU POUR LES GARÇONS, CE N'EST PAS ANODIN.
ON ASSIGNE AUX HOMMES LA COMPÉTITION, LA FORCE, LA VALORISATION DE LA DOMINATION, L'AUTORITÉ...
ALLEZ !
HOP
OBJECTIF :
BOÏNG
SENS DE LA VIE

MAIS AUSSI, UNE CERTAINE INDULGENCE ENVERS LA VIOLENCE, L'ARROGANCE...
FIGHT!
GRR
... LE COMPORTEMENT OU LES ERREURS.
BRAVO
NE T'INQUIÈTE PAS POUR LUI, ÇA ARRIVE !
LEVEL 2
MODE FUN & FACILE
TANDIS QU'AUX FEMMES...
♂ PARK
ZOUF
YOUH
BOÏNG
♀ PARK
LAISSE LE BALLON, CONSTANCE.
REGARDE LA BELLE POUPÉE !
... ON ASSIGNERA LA RÉFLEXION, LA RETENUE, LE CALME, LA LECTURE, LA POÉSIE.
OBJECTIF
ALLONS, DU CALME, CONSTANCE. CE N'EST PAS TRÈS ÉLÉGANT, LA VIOLENCE, POUR UNE FILLE !
ON VALORISE LA MODESTIE, LA DISCRÉTION, LE TRAVAIL COLLABORATIF, LE SOIN AUX AUTRES, LA MATERNITÉ, BREF...
SOIS BELLE ET TAIS-TOI !
LEVEL 2
MODE HARDCORE

ON LE CONSTATE TOUS LES JOURS, UN HOMME POLITIQUE EN COLÈRE EST UN HOMME DE CONVICTION...
WAOUH, QUEL TALENT !
TANDIS QU'UNE FEMME POLITIQUE EN COLÈRE EST PERÇUE COMME NE SACHANT PAS SE CONTRÔLER.
QUELLE HYSTÉRIQUE, ELLE N'EST PAS FIABLE !
CE REGARD EST L'ŒUVRE DU GENRE.
GENRE
ELLE A SES RÈGLES OU QUOI ?
LE SEXE EST BIOLOGIQUE.
LE GENRE, LUI, EST SOCIAL ET CULTUREL.
AINSI, AU FIL DES SIÈCLES, ON CONSTRUIT L'ILLUSION D'UNE NORME MASCULINE ET FÉMININE...
clic
ZOUF
... ET ON ENFERME LES SEXES DEDANS.
PÈRE DE LA PATRIE
CEO
UNE SOCIÉTÉ PATRIARCALE
EST UNE SOCIÉTÉ FAITE PAR LES HOMMES POUR LES HOMMES ET OÙ LES FEMMES SONT RÉDUITES AUX TÂCHES SUBALTERNES.

IL Y A PLUSIEURS DEGRÉS AU PATRIARCAT...
LIGHT
HYPOCRITE
OFF
MEDIUM
HIGH
ULTRA
... ET DANS PLUSIEURS DOMAINES.
RELIGION
TRADITION
CULTURE
ÉCONOMIE
DANS L'ENSEMBLE, LE PATRIARCAT EST TRÈS RÉPANDU À TRAVERS LE MONDE.
MÊME LES SOCIÉTÉS QUI CLAMENT LEUR DÉSIR D'ÉGALITÉ NE SONT PAS EXEMPTES DE RESTES DE PATRIARCAT...
BONSOIR
MERCI À MON INVITÉE D'ÊTRE LÀ, CE SOIR...
MAIS QUI GARDE LES ENFANTS ?
COOL SHOW
OUPS
DÉSOLÉ POUR CETTE REMARQUE SEXISTE.
INTENTIONS
RÉALITÉ
LES MAUVAISES HABITUDES SONT VIVACES.
PATRIARCAT
IL Y A DES PAYS OÙ LE SYSTÈME PATRIARCAL EST COMPLÈTEMENT ASSUMÉ.
BIENVENUE EN ARABIE SAOUDITE
(SAUF LES FEMMES)
LÀ-BAS, LES FEMMES VIVENT TOUTE LEUR VIE SOUS LA RESPONSABILITÉ D'UN «GARDIEN».
TIENS.
J'AI !
PÈRE
C'EST À L'HOMME QUE REVIENT LA CHARGE DU FOYER, PAR EXEMPLE LA GESTION DES COMPTES BANCAIRES.
OUAIS, ÇA ME STRESSE DE OUF, CES RESPONSABILITÉS...
APPORTE-MOI UN COCA, FEMME !

PAS LE DROIT D'AVOIR UN CONTACT VISUEL AVEC UN HOMME.
PAS LE DROIT D'AVOIR UN COMPTE BANCAIRE.
PAS LE DROIT DE QUITTER LE FOYER SANS ÊTRE ACCOMPAGNÉE.
MAIS T'AS LE DROIT DE SOURIRE, HEIN !
AUSSI, LE MOINDRE PROGRÈS EST UNE RÉVOLUTION. DEPUIS 2017, LES FEMMES D'ARABIE SAOUDITE ONT LE DROIT DE CONDUIRE UNE VOITURE.
EN ROUTE POUR LA FIN DU PATRIARCAT !
ALLEZ TOUT DROIT PENDANT PLUSIEURS SIÈCLES.
DANS D'AUTRES PAYS, C'EST PLUS COMPLIQUÉ, LE MONDE EST EN ÉVOLUTION.
BIENVENUE EN INDE
(FAITES GAFFE, LES FILLES !)
TOPO
LE MODÈLE PATRIARCAL EST L'OBJET D'UNE BATAILLE ENTRE :
TRADITION ET MODERNITÉ
GRR
POURVU QUE LE STYLO-PLUME SOIT PLUS FORT QUE L'ÉPÉE !
NAÎTRE FEMME EST TRÈS INCERTAIN DANS CE PAYS DE 1,3 MILLIARD D'HABITANTS.
OK
MOYEN
VDM
TOP
VDM
BOF
NUL
BIEN
NASE
DESTIN
RIEN N'INTERDIT DE DEVENIR ÉTUDIANTE, CHEFFE D'ENTREPRISE OU MÊME PRÉSIDENTE DU PAYS...
... COMME PRATIBHA PATIL, DE 2007 À 2012.
MAIS SELON QUE L'ON NAÎT À LA VILLE OU À LA CAMPAGNE, DANS UNE TRADITION OU UNE AUTRE, OU DANS TELLE FAMILLE, CELA PEUT ÊTRE UNE VIE TRÈS INÉGALITAIRE, VOIRE VIOLENTE !
VIE DE MERDE + MARIAGE FORCÉ
JE PEUX RELANCER ?
TRÈS VITE, HONNEUR, PATRIMOINE, EMPLOI, FAMILLE, ENFANTS, TOUT PEUT ACCABLER LES FEMMES ET FAVORISER LES HOMMES.
NOUS, ON LE TROUVE SYMPA, CE SYSTÈME !

L'INDE ESSAIE D'AMÉLIORER LA SITUATION, MAIS LA TÂCHE EST IMMENSE.
ET C'EST ENCORE NOUS QUI ALLONS FAIRE LE SALE BOULOT DE DÉPOUSSIÉRER LES CONSCIENCES !
AUCUN PAYS N'EST ENCORE PARVENU À L'ÉGALITÉ PARFAITE, MAIS BEAUCOUP Y ASPIRENT…
ALLEZ, GROUILLE !
LES RÉUSSITES INDIVIDUELLES NE SONT PAS TOUJOURS LE SIGNE D'UNE VICTOIRE DE L'ÉGALITÉ…
C'EST BON !
ON A UNE FEMME PRIX NOBEL DE CHIMIE !
… MAIS PARFOIS SIMPLEMENT LA DÉMONSTRATION QU'IL FAUT À UNE FEMME PLUS DE TALENT, PLUS DE FORCE, PLUS DE SACRIFICES POUR RÉUSSIR, APRÈS AVOIR SURMONTÉ MILLE OBSTACLES…
PRÉJUGÉS
INÉGALITÉS
SEXISME
… LÀ OÙ UN HOMME SE SENT CHEZ LUI CAR TOUT A ÉTÉ FAIT POUR LUI.
JE VAIS VOUS LIRE LE DISCOURS QUE M'A PRÉPARÉ MA MAMAN.
DANS UN SYSTÈME PATRIARCAL, UN HOMME GRANDIT DANS L'IDÉE QUE LE POUVOIR LUI EST DÛ.
FEMME !
APPORTE LE BIBERON DE TON PRINCE !
OUI, MAJESTÉ.

À L'INVERSE, UNE FEMME GRANDIT DANS L'IDÉE QUE LE POUVOIR N'EST PAS POUR ELLE.
LA PART AVEC LA FÈVE EST POUR TON FRÈRE !
SI MALGRÉ TOUT ELLE LE VEUT, ELLE COMPREND QU'ELLE VA DEVOIR SE BATTRE POUR L'OBTENIR.
CES FEMMES QUI SONT L'EXCEPTION NE DOIVENT PAS TROMPER : ELLES CACHENT LA MULTITUDE DES ÉCHECS.
MÊME DANS LES PAYS PROGRESSISTES...
L'ÉGALITÉ FEMMES-HOMMES SERA LA GRANDE CAUSE DU QUINQUENNAT !
EMMANUEL MACRON
LA STRUCTURE PATRIARCALE RESTE BIEN ACCROCHÉE.
MADAME SCHIAPPA, VOICI LES INSULTES SEXISTES À CARACTÈRE SEXUEL REÇUES AUJOURD'HUI.
EN FRANCE, PAR EXEMPLE, LES DROITS DES FEMMES ONT BEAUCOUP PROGRESSÉ...
GRAND-MAMIE, RACONTE ENCORE COMME C'ÉTAIT AFFREUX QUAND T'ÉTAIS JEUNE EN 1950 !
MAIS, CONTRAIREMENT AU ROYAUME-UNI OU À L'INDE, NOUS N'AVONS JAMAIS EU DE FEMME CHEFFE D'ÉTAT.
ON N'A MÊME JAMAIS EU DE REINE !
GRÂCE AUX LOIS SALIQUES !
NOUS AVONS VU UNE SEULE FOIS UNE FEMME PREMIÈRE MINISTRE, ET CELA N'A PAS DURÉ...
BOUUUH !
TU CROIS QU'ELLE A UNE CULOTTE SOUS SA JUPE ?
PFF
ÉDITH CRESSON, 1991-1992
LE CHEMIN À PARCOURIR EST ENCORE LONG...
S'IL RESTE BEAUCOUP DE CHEMIN, JE VOUDRAIS DES CHAUSSURES DE RANDO, ALORS !

CHEZ NOUS, LES FEMMES PASSENT EN MOYENNE 1 H 30 DE PLUS PAR JOUR À EFFECTUER DES TÂCHES MÉNAGÈRES.
C'EST FOU, LE RÔLE DES FEMMES EN ARABIE SAOUDITE !
TOPO
30 % DES FEMMES QUI TRAVAILLENT ONT UN EMPLOI À TEMPS PARTIEL POUR POUVOIR S'OCCUPER DES ENFANTS.
ON EST MERCREDI, CHRISTELLE N'EST PAS LÀ. DU COUP, QUI PREND DES NOTES ?
AU FAIT, VOUS CONNAISSEZ LE PLAFOND DE VERRE ?
AH NON, TIENS...
C'EST QUOI ?
EN AMÉRICAIN, ON DIT «GLASS CEILING». CETTE EXPRESSION DÉSIGNE L'ENSEMBLE DES FREINS INVISIBLES QUE LES FEMMES RENCONTRENT POUR ACCÉDER À DES POSTES ÉLEVÉS.
MAIS !
CARRIÈRE DES FEMMES DIPLÔMÉES COMPÉTENTES
C'EST QUOI, CE BAZAR?!
AAAAH, VOUS VOULEZ PARLER DU PLANCHER DE VERRE !
RÉSULTAT : LES FEMMES ONT DES POSTES MOINS ÉLEVÉS ET SONT MOINS BIEN PAYÉS. EN MOYENNE,
16,8%
DE MOINS QUE LES HOMMES POUR UN POSTE À TEMPS PLEIN !
ARRÊTEZ DE CHIALER, ÇA BAISSE !
PLUS LES FEMMES SONT DIPLÔMÉES ET GRIMPENT DANS LA HIÉRARCHIE, PLUS CETTE DIFFÉRENCE EST IMPORTANTE.
HA, DONC IL FAUDRAIT QUE J'EMBAUCHE PLUS DE FEMMES...
ÇA ME COÛTERAIT MOINS CHER !
BIG BOÎTE
TOPO
CETTE DIFFÉRENCE EST UNE DISCRIMINATION QUI, HÉLAS, PERSISTE.
CORDONNIER
JE VOUDRAIS FAIRE COQUER DE MÉTAL MES CHAUSSURES DE RANDO...
POUR BOTTER DES CULS !

COMME TOUTE DOMINATION ILLÉGITIME, LE PATRIARCAT EST UNE VIOLENCE QUI FAVORISE ET PROVOQUE LA VIOLENCE.
C'EST MOI QUI COMMANDE !
TU VAS FAIRE CE QUE JE DIS, SINON...
LES VIOLENCES SEXUELLES SONT À LA BASE DU PATRIARCAT.
JE TE DOMINE. TON CORPS M'APPARTIENT.
C'EST POURQUOI LE COMBAT CONTRE LES VIOLENCES SEXUELLES ET LA LIBÉRATION DE LA PAROLE SONT AUSSI UN COMBAT CONTRE LE PATRIARCAT !
MES SOEURS, REGARDEZ !
GLUPS
C'EST LUI QUI M'A AGRESSÉE !
EN AMENANT LA QUESTION DU HARCÈLEMENT SEXUEL ET DES VIOLENCES ENVERS LES FEMMES DANS LA SPHÈRE PUBLIQUE MAIS AUSSI...
GLUPS
EN POLITIQUE
AU SEIN DES ENTREPRISES
DANS LES ÉCOLES
DANS LES MÉDIAS
DANS LE COUPLE
... LE MOUVEMENT #METOO A PERMIS DE FAIRE BOUGER LES CHOSES.
TIENS !
LES COLLAGES FÉMINISTES DE RUE S'INSCRIVENT DANS CETTE LUTTE.
VIOLEURS À VOUS D'AVOI PEUR
LES FEMMES SE SONT TUES PENDANT DES SIÈCLES PARCE QU'ELLES SAVAIENT QUE LA SOCIÉTÉ ÉTAIT CONTRE ELLES...
Ras le viol
pas une de plus
Nous toutes
AUJOURD'HUI, ELLES S'EXPRIMENT ET PRENNENT DES RISQUES.
EN DÉNONÇANT LA VIOLENCE, ELLES DÉNONCENT LE MODÈLE PATRIARCAL DE NOTRE SOCIÉTÉ, LE DÉCONSTRUISENT.
P
COMME LE DIT FATIMA BENT, PRÉSIDENTE DE L'ASSOCIATION FÉMINISTE ET ANTIRACISTE LALLAB...
LE PATRIARCAT S'EXPRIME À PLEIN DE NIVEAUX DIFFÉRENTS. LES VIOLENCES INTIMES DANS LA FAMILLE OU DANS LA SOCIÉTÉ, C'EST LES DEUX FACES D'UNE MÊME PIÈCE.
IL FAUT LUTTER À TOUTES LES ÉCHELLES !
YES !

Agence Felder & Cizo associés - Mars 2021 Dessins : Bernard Khattou

Chez **TOPO**®, nous savons à quel point c'est important de se faire des bisous. Voilà pourquoi nos ingénieurs maison ont mis au point le **TOPOPATCH**®.

Avec le **TOPOPATCH**®, vous pouvez maintenant vous embrasser sans danger, sans inquiéter vos parents ou risquer l'exclusion du lycée puisque le TOPOPATCH est approuvé par les ministères de l'Éducation nationale et de la Santé.

Alors si, comme des milliers de lecteurs de **TOPO**®, vous rêvez de vous faire des bisous en pleine pandémie, cousez* un **TOPOPATCH**® sur votre veste en jeans et embrassez-vous comme avant.

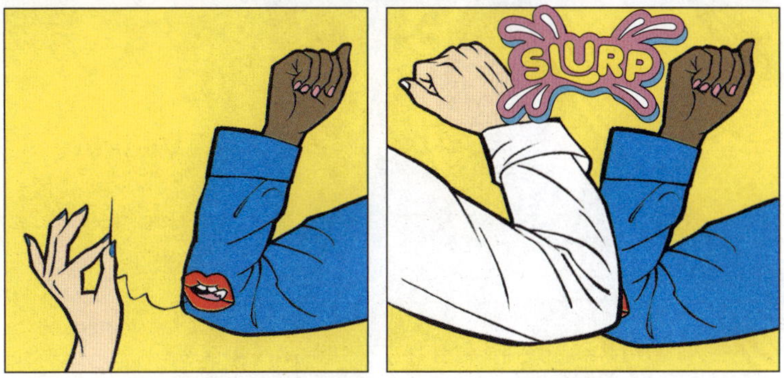

* Ou demandez à votre mamie de le faire, ça fait longtemps que vous ne l'avez pas vue… Mais attention, ne l'embrassez qu'une fois votre **TOPOPATCH**® en place.

TÊTE-À-TÊTE

Jacinda Ardern

On salue sa bienveillance, on la dit solide comme un roc… La cote de popularité de la Première ministre néo-zélandaise ne cesse de monter.

Savez-vous que, dans l'histoire de l'humanité, deux femmes cheffes d'État seulement ont donné naissance à un bébé tandis qu'elles dirigeaient leur pays ? Il y a d'abord eu Benazir Bhutto, Première ministre au Pakistan dans les années 1990. Jacinda Ardern, elle, est actuellement au pouvoir, en Nouvelle-Zélande. Et lorsqu'elle a fêté ses 40 ans, en 2020, elle dirigeait le gouvernement néo-zélandais depuis déjà presque trois ans.

Compatissante. Archipel du Pacifique situé exactement au bout du monde pour nous, les Européens, son pays est rarement au centre de l'actualité internationale. Ardern s'est fait connaître à l'échelle planétaire avec les attentats de Christchurch, en 2019. En mars de cette année-là, un extrémiste raciste australien s'en était pris à deux mosquées, faisant 51 morts et 49 blessés. Cheveux voilés, émue et proche des victimes, Jacinda Ardern a dénoncé un crime inhumain et le racisme intolérable. Les mots de la femme d'État après la tuerie sont restés dans toutes les mémoires : *« Le racisme existe, mais il n'est pas le bienvenu ici. Nous ne sommes pas à l'abri des virus de la haine ou de la peur de l'autre. Nous ne l'avons jamais été. Mais nous pouvons être la nation qui découvre le remède. »*

Décidée. Avec cet assassinat à grande échelle qui ciblait les musulmans, le monde entier découvrait Jacinda Ardern… et rattrapait son retard. C'était elle, déjà, qui avait claqué la porte de la religion mormone, dans laquelle elle avait été élevée, pour protester contre l'homophobie. Elle qui, sitôt élue, allait légaliser l'avortement.

Par **Chloé Leprince** et **Stéphane Oiry**

Féministe. Elle, encore, qui promettait de loger une centaine de milliers de familles pauvres. Elle qui ne perdait pas son sang-froid lorsqu'on lui demandait comment elle allait bien pouvoir faire pour rester à son poste avec un bébé. Réponse cinglante de l'intéressée : « *Je ne suis pas la première femme au monde à devoir combiner un travail et un bébé !* »

Cool. Énorme succès de Jacinda Ardern à l'échelle planétaire. Son visage est devenu celui de la politique tolérante, généreuse, féministe, à la fois ferme et à l'écoute. Moderne ? Vu de loin, c'est toujours l'image que l'on se fait de cette souriante Première ministre qui fut DJ à ses heures avant de prendre en main le destin d'un pays qu'on connaît toujours mal en Europe.

Ambitieuse. Mais en regardant de plus près, Jacinda Ardern a aussi fait beaucoup de déçus. À cause d'un système électoral complexe, elle a dû faire alliance avec un parti très hostile à l'immigration pour arriver au pouvoir. Et la femme politique a fait des choix très discutés qui ont grignoté la confiance de ses électeurs. Par exemple, en renonçant à faire de grands pas en matière de protection de l'environnement alors qu'elle avait massivement communiqué sur la lutte pour le climat. N'ayant créé que trois cents logements au lieu des cent mille promis, elle fut aussi accusée de faire trop peu pour les plus démunis, et si mal pour les Aborigènes de Nouvelle-Zélande, quand l'idée d'un vaste projet immobilier implanté sur un terrain sacré pour les Maoris a vu le jour.

Plébiscitée. Malgré tout, Jacinda Ardern et son parti ont remporté les élections législatives haut la main en 2020. Elle a même battu les records historiques, ce qui lui a permis de changer la règle du jeu politique. Elle dispose désormais de plus de marge de manœuvre, de nouveaux partenaires ouvertement écologistes et d'une aura mondiale qu'aucun Premier ministre néo-zélandais n'a jamais eue. De quoi fignoler un bilan à la taille de son image ?

CASH SEXE

C'est normal d'être exceptionnel

Par **Renée Greusard** et **Loïc Guyon**

Autre exemple : en France, dans certaines familles, il est important et "normal" de circoncire son bébé quand il naît...
?
coupe
Dans d'autres, pas du tout.
Ben non !
coupe
Ah bon ?
Ces règles, nous les connaissons tous. Elles se transmettent de génération en génération, souvent à l'oral.
coupe
coupe
coupe
Donc être "normal" ça voudrait dire être tout bien comme il faut...
... selon des règles écrites nulle part, qui varient d'un endroit à l'autre...
... et qu'on serait censés tous comprendre parfaitement...
Bonne chance pour être normal !
plop
plop
Car nous sommes tous différents... D'abord, chaque corps naît unique.
Certaines filles ont des gros seins...
... d'autres de tout petits...
... certaines ont des vulves aux lèvres larges...
... d'autres en ont des petites.

Certains garçons ont un pénis large…
… d'autres en ont un mince…
Certains ont un prépuce long…
… d'autres un court.
Et il en va de même pour nos sentiments. Comment pourrions-nous tous ressentir la même chose ?
Prenons l'exemple de la musique, certaines personnes adorent l'opéra…
O sole miiio !
… d'autres préfèrent la techno…
BOUM BOUM
… et d'autres encore ne jurent que par le rap.
PNL
QLF
… J'ai quelques frérots dans les starting blocks…
En matière de sexualité, c'est pareil.
Depuis que j'te connais ça m'fait chelou ! Je n'endors plus la nuit comme un nhibou !
Tout le monde est différent et personne n'est anormal.
Smoutch
La seule chose qui l'est, c'est de ne pas respecter le consentement.
smoutch
smoutch

C'est-à-dire de forcer une personne à faire quelque chose qu'elle ne veut pas.
Mais, sinon, tant qu'on ne fait de mal à personne et que tout le monde est d'accord...
Non?
... tout existe...
?
... et rien n'est anormal !
Voilà d'ailleurs pourquoi le mot "queer" existe.
QUEER
Ça veut dire bizarre, en anglais !
Les gens qui se disent queer disent qu'ils en ont ras le bol de cette idée de normalité.
Grave !
Soyez Normaux
Car si nous sommes tous différents, à quoi bon vouloir essayer d'être tous pareils ?
CRASH
Ne vaut-il pas mieux accepter que nous sommes tout simplement tous...
... Exceptionnels ?!

FAKE NEWS
ATTENTION
Il ne faut pas couper les pommes avant de les croquer.
Pomme croquée non coupée
Intérieur de pomme aux rayons X : grand sourire de pomme.
Pomme coupée non croquée
Intérieur de pomme observé à l'œil nu : carrément de mauvaise humeur !
DE L'AIR !!
Le tabagisme passif est mauvais pour la santé, et c'est valable pour tous, même pour les chats, alors c'est NO WAY !
FAITES-LES FUMER À LA FENÊTRE !
SECRET DE PEINTRE
Ne peignez pas ce que vous avez devant les yeux.
Peignez ce que vous avez derrière les yeux.
Le saviez-vous ?
Les dessinateurs ont des plumes, mais ils ne peuvent pas voler !
FONTE DES PÔLES
Au pôle Nord, les bouteilles d'eau sont faites de glace.
Quand il fait −15 °C et que l'eau gèle dans la bouteille, c'est toujours bien galère de la faire sortir.
DÉVELOPPEMENT DURABLE
Une thèse prétend qu'il suffirait de rapetisser l'humain pour réduire considérablement notre impact environnemental.
Je confirme ! Je micro-pollue !

Léon MARET 2021

Livreurs : l'autre prix de la course

Par **Gurvan Kristanadjaja** et **Hugo Piette**

* LES PRÉNOMS ONT ÉTÉ MODIFIÉS.

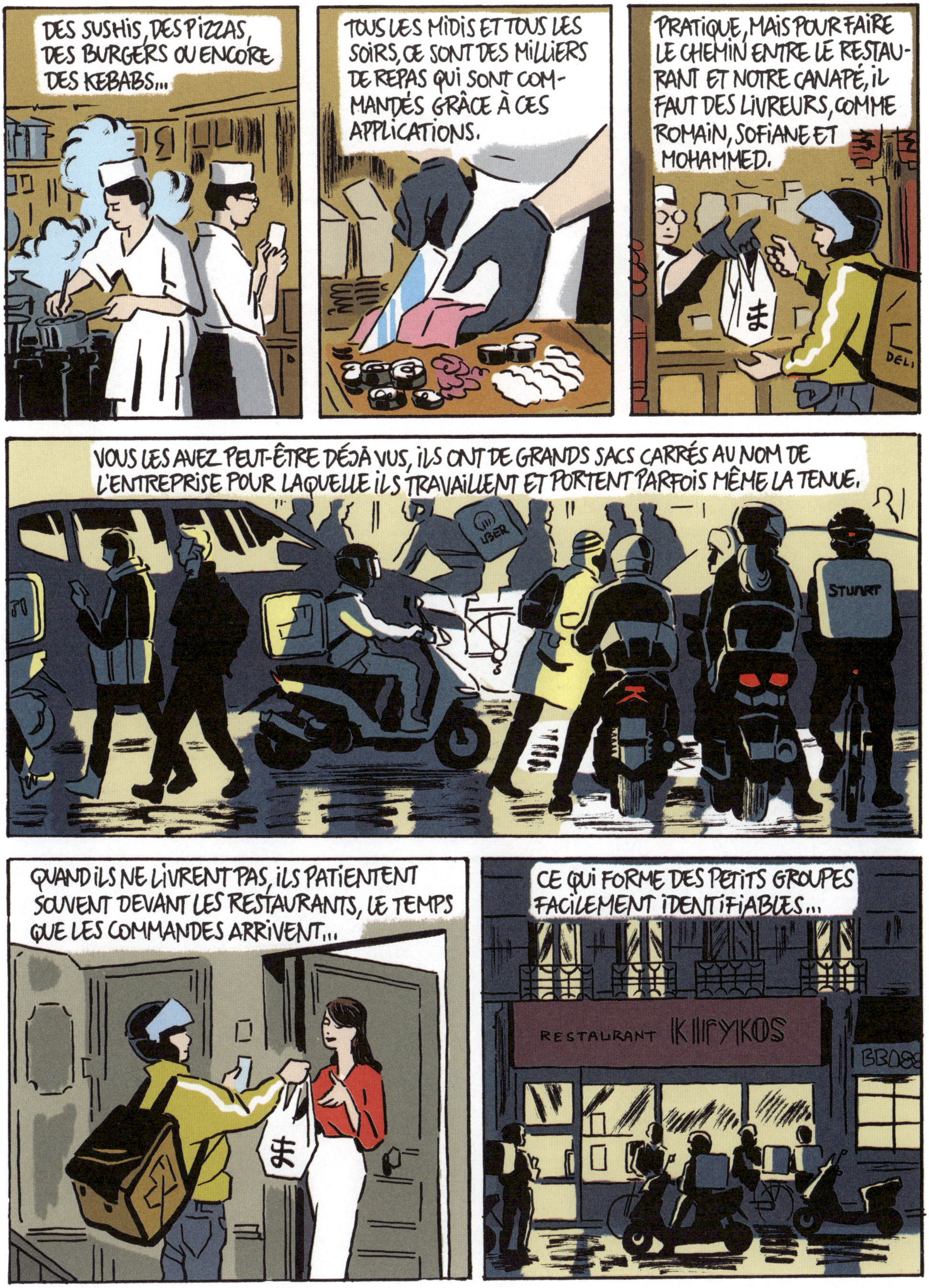
DES SUSHIS, DES PIZZAS, DES BURGERS OU ENCORE DES KEBABS...
TOUS LES MIDIS ET TOUS LES SOIRS, CE SONT DES MILLIERS DE REPAS QUI SONT COMMANDÉS GRÂCE À CES APPLICATIONS.
PRATIQUE, MAIS POUR FAIRE LE CHEMIN ENTRE LE RESTAURANT ET NOTRE CANAPÉ, IL FAUT DES LIVREURS, COMME ROMAIN, SOFIANE ET MOHAMMED.
VOUS LES AVEZ PEUT-ÊTRE DÉJÀ VUS, ILS ONT DE GRANDS SACS CARRÉS AU NOM DE L'ENTREPRISE POUR LAQUELLE ILS TRAVAILLENT ET PORTENT PARFOIS MÊME LA TENUE.
UBER
STUART
QUAND ILS NE LIVRENT PAS, ILS PATIENTENT SOUVENT DEVANT LES RESTAURANTS, LE TEMPS QUE LES COMMANDES ARRIVENT...
CE QUI FORME DES PETITS GROUPES FACILEMENT IDENTIFIABLES...
RESTAURANT KIRYKOS

ROMAIN, SOFIANE ET MOHAMMED SONT UN PEU DES EXPLORATEURS...
TOUS LES JOURS, ILS PARCOURENT LES RUES DE LA VILLE DANS LE BUT DE LIVRER LE PLUS RAPIDEMENT POSSIBLE LEURS COMMANDES.
ROMAIN LE FAIT À SCOOTER.
TOUT COMME SOFIANE.
QUANT À MOHAMMED, IL PRIVILÉGIE LE VÉLO, "PAR PASSION"...

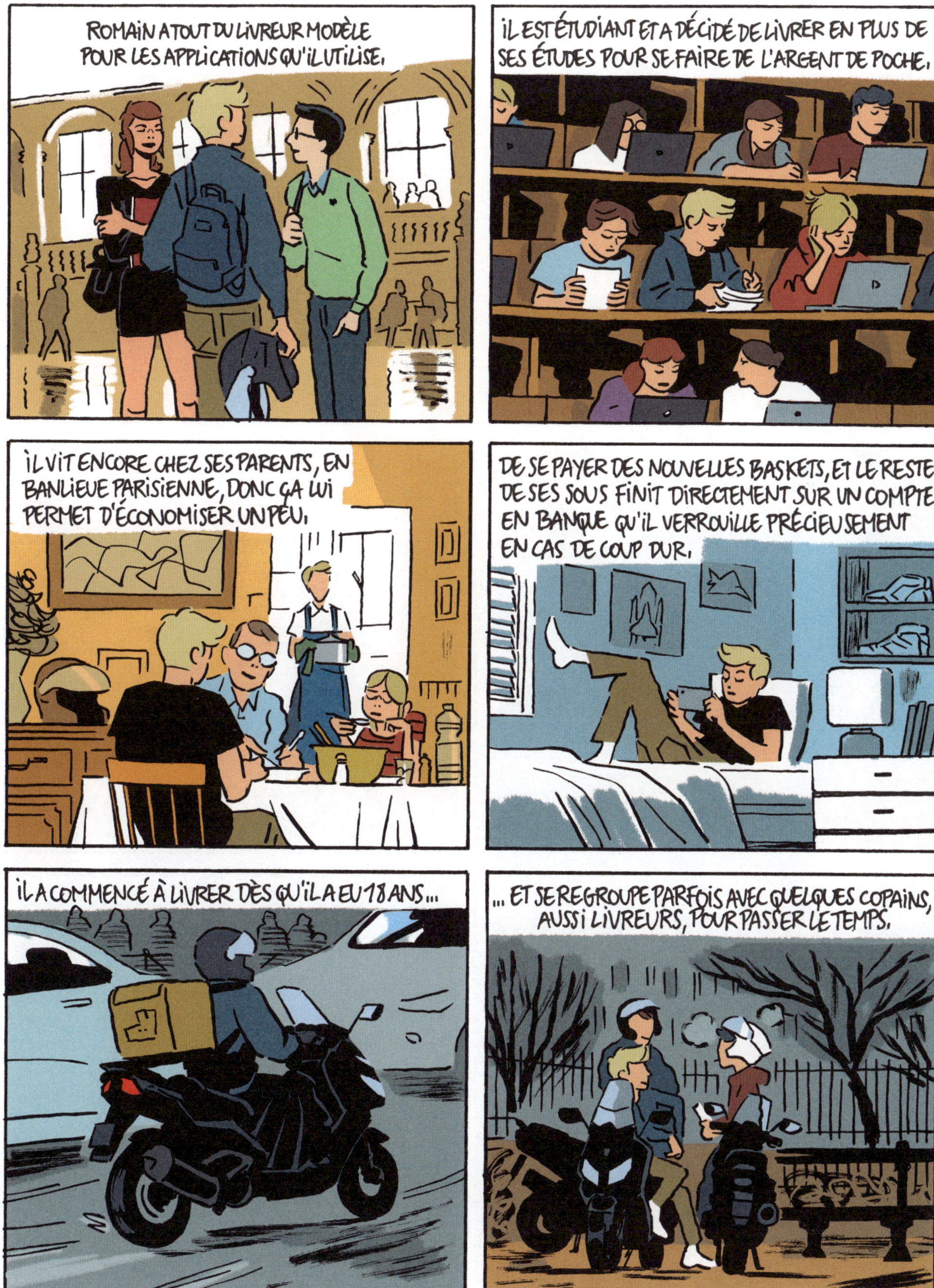
ROMAIN A TOUT DU LIVREUR MODÈLE POUR LES APPLICATIONS QU'IL UTILISE.
IL EST ÉTUDIANT ET A DÉCIDÉ DE LIVRER EN PLUS DE SES ÉTUDES POUR SE FAIRE DE L'ARGENT DE POCHE.
IL VIT ENCORE CHEZ SES PARENTS, EN BANLIEUE PARISIENNE, DONC ÇA LUI PERMET D'ÉCONOMISER UN PEU.
DE SE PAYER DES NOUVELLES BASKETS, ET LE RESTE DE SES SOUS FINIT DIRECTEMENT SUR UN COMPTE EN BANQUE QU'IL VERROUILLE PRÉCIEUSEMENT EN CAS DE COUP DUR.
IL A COMMENCÉ À LIVRER DÈS QU'IL A EU 18 ANS...
... ET SE REGROUPE PARFOIS AVEC QUELQUES COPAINS, AUSSI LIVREURS, POUR PASSER LE TEMPS.

POUR LUI, LES APPLICATIONS, C'EST TRÈS PRATIQUE.
DELIVEROO
IL SE CONNECTE QUAND IL VEUT, OÙ IL VEUT, ET PEUT SE FAIRE UN PEU D'ARGENT.
PARFOIS, JE VAIS À SCOOTER À L'UNIVERSITÉ AVEC MON SAC FRIGORIFIQUE.
JE L'ALLUME DIRECTEMENT EN SORTANT OU PENDANT LES PAUSES.
ROMAIN FAIT ÇA EN COMPLÉMENT D'UNE ACTIVITÉ...
... ET IL N'EST PAS DÉPENDANT DE CES REVENUS.

QUAND CES APPLICATIONS SONT ARRIVÉES EN FRANCE, C'ÉTAIT D'AILLEURS L'UN DE LEURS ARGUMENTS PRINCIPAUX...
ELLES ALLAIENT FOURNIR DU BOULOT À TOUT UN TAS DE JEUNES, EN COMPLÉMENT D'UNE AUTRE ACTIVITÉ.
ARRIVÉES ARRIVALS
C'EST UN POINT IMPORTANT ET IL A FALLU CONVAINCRE LE GOUVERNEMENT ET LES RESTAURANTS DE LES LAISSER EXERCER CAR ELLES ONT IMPOSÉ DE NOUVELLES RÈGLES DU JEU.
DOUANE
LES APPLICATIONS ONT DÉCIDÉ DÈS LE DÉBUT QU'ELLES N'EMBAUCHERAIENT PAS DE SALARIÉS...
↓ TAXIS
MAIS QU'ELLES ALLAIENT RECOURIR À DES AUTOENTREPRENEURS.
UBER

SI VOUS NE CONNAISSEZ PAS CE STATUT, C'EST NORMAL...
deliveroo
MAIS IL JOUE UN RÔLE DE PLUS EN PLUS IMPORTANT DE NOS JOURS.
CE STATUT A ÉTÉ CRÉÉ EN 2009 PAR UN HOMME POLITIQUE DE CENTRE DROIT, HERVÉ NOVELLI, QUI SOUHAITAIT PERMETTRE À DES PERSONNES DE CRÉER UNE MICROENTREPRISE.
RÉPUBLIQUE FRANÇAISE
LE PRINCIPE EST SIMPLE : PLUTÔT QUE DE CRÉER UNE ENTREPRISE POUR Y REGROUPER PLUSIEURS PERSONNES, JE CRÉE UNE ENTREPRISE DANS LAQUELLE JE SUIS... TOUT SEUL.
ÇA A DES TAS D'AVANTAGES, NOTAMMENT LA FLEXIBILITÉ. EN TANT QU'AUTOENTREPRENEUR, JE PEUX PROPOSER MES SERVICES QUAND JE LE SOUHAITE ET CESSER QUAND JE N'AI PLUS ENVIE.
JE SUIS AUSSI RESPONSABLE DE CE QUE JE GAGNE : SI JE VEUX TRAVAILLER 60 HEURES PAR SEMAINE, C'EST POSSIBLE.

EN BREF : JE FAIS CE QUE JE VEUX CAR JE SUIS MON PROPRE PATRON.
LE PROBLÈME, C'EST QUE JE PERDS TOUS LES AVANTAGES QUE J'AURAIS EUS EN TANT QUE SALARIÉ : LES VACANCES, LES TICKETS RESTAURANT, LES PRIMES.
VOL
apd 179€
ET QUE, PARFOIS, LES GROSSES ENTREPRISES ONT TENDANCE À REMPLACER LES SALARIÉS PAR DES AUTOENTREPRENEURS PARCE QUE ÇA LEUR COÛTE MOINS CHER.
eats
ÇA, ÇA S'APPELLE DU SALARIAT DÉGUISÉ.
ET C'EST FORMELLEMENT INTERDIT.

LES DÉSAVANTAGES LIÉS À SON STATUT, ROMAIN LES TOUCHE FRÉQUEMMENT DU DOIGT.
L'ÉTÉ DERNIER, IL A SOUHAITÉ PARTIR DEUX SEMAINES AVEC SES AMIS À BISCAROSSE.
9
POUR LUI, PAS DE PROBLÈME, IL N'A EU QU'À ÉTEINDRE L'APPLICATION.
MAIS IL N'ÉTAIT PAS PAYÉ PENDANT CE TEMPS-LÀ, ALORS QU'EN TANT QUE SALARIÉ IL L'AURAIT ÉTÉ.
ROMAIN S'EN FICHE. DE TOUTE FAÇON, LIVREUR, CE N'EST PAS SON MÉTIER, LUI, IL RÊVE D'ÊTRE INGÉNIEUR AÉROSPATIAL.

POUR MOHAMMED, EN REVANCHE, C'EST UN PEU PLUS COMPLIQUÉ...

CE JEUNE HOMME, ORIGINAIRE D'AUBERVILLIERS, EN BANLIEUE PARISIENNE, A ARRÊTÉ LES ÉTUDES JUSTE APRÈS LE BAC...
J'AI SUIVI DES COPAINS QUI M'ONT PROPOSÉ DES PETITS BOULOTS.
JE TROUVAIS ÇA PLUS INTÉRESSANT DE GAGNER DE L'ARGENT TOUT DE SUITE PLUTÔT QUE DE FAIRE DES ÉTUDES.
DE FIL EN AIGUILLE, IL TRAVAILLE DANS LE BÂTIMENT, PUIS DANS LA RESTAURATION.
IL A VITE EU À COEUR D'AIDER SA MÈRE, SEULE, FEMME DE MÉNAGE DANS UNE ÉCOLE, À PAYER LE LOYER ET LA SCOLARITÉ DE SES JEUNES FRÈRES.
AVANT QU'ON LUI PARLE DE LA LIVRAISON...
UBER EATS

POUR LE JEUNE HOMME, QUI AVAIT TOUJOURS ÉTÉ SALARIÉ MAIS PAYÉ AU SMIC, L'AFFAIRE PARAISSAIT BELLE.
EN TRAVAILLANT PRESQUE TOUS LES JOURS, IL ALLAIT POUVOIR GAGNER ENTRE 1600 ET 2000 EUROS PAR MOIS.
DE QUOI PAYER LE LOYER ET S'OFFRIR LA NOUVELLE CONSOLE DONT IL RÊVE.
UBER EATS
LES PREMIÈRES SEMAINES, IL TRAVAILLE DUR.
NOUS SOMMES EN PLEIN ÉTÉ, IL FAIT CHAUD, MAIS IL S'EN SORT BIEN.
MOHAMMED EST UN RAPIDE, ET IL APPREND VITE À ZIGZAGUER À TOUTE BERZINGUE ENTRE LES VOITURES.

MAIS QUAND L'HIVER ARRIVE, QU'IL FAIT PLUS FROID, MOHAMMED FATIGUE...
CERTAINS SOIRS, SOUS LA PLUIE, IL ATTRAPE FROID, IL N'A PAS ENVIE D'Y ALLER, NE SE SENT PAS LA FORCE.
MAIS IL EST OBLIGÉ D'Y RETOURNER LE LENDEMAIN, SINON IL NE TOUCHE RIEN, PARCE QU'IL EST "SON PROPRE PATRON".
UN SOIR DE DÉCEMBRE, IL GLISSE SUR UNE PLAQUE D'ÉGOUT TREMPÉE PAR LA PLUIE.
QUAND LES POMPIERS LUI ANNONCENT QU'IL A LE BRAS CASSÉ, IL PANIQUE...
IL LUI FAUT IMPÉRATIVEMENT RETOURNER TRAVAILLER LE LENDEMAIN, SINON IL NE POURRA PAS PAYER LE LOYER.

LE MÉDECIN LUI IMPOSE DE S'ARRÊTER PENDANT DEUX SEMAINES, MAIS IL RETOURNE LIVRER DANS LES RUES DE PARIS AU BOUT DE TROIS JOURS...
... CAMOUFLANT SON BRAS PLÂTRÉ DANS LA MANCHE D'UN PULL TROP LARGE.
AUJOURD'HUI, APRÈS PLUS D'UN AN D'EXERCICE, MOHAMMED RÊVE DE REPRENDRE DES ÉTUDES DANS LE SPORT, POURQUOI PAS POUR DEVENIR ÉDUCATEUR.
EN TOUT CAS, UN POSTE QUI NE L'OBLIGERA PAS À COURIR PARTOUT POUR ÊTRE PAYÉ ET QUI LUI PERMETTRA DE PRENDRE DES VACANCES, CE QU'IL N'A PAS FAIT DEPUIS PLUS D'UN AN.
MAIS MOHAMMED PRÉFÈRE SE PROJETER ET REFUSE DE SE PLAINDRE, CAR IL LE RECONNAÎT : TOUS LES JOURS, IL CROISE DANS LES RUES D'AUTRES LIVREURS EN TENUE QUI VIVENT DANS DE BIEN PIRES CONDITIONS...

LORSQUE SOFIANE ARRIVE EN FRANCE, L'HIVER DERNIER, IL A FAIT UN LONG PÉRIPLE DEPUIS SON PAYS D'ORIGINE, AU MAGHREB.
IL A FUI SA FAMILLE QUI VOULAIT LUI IMPOSER UNE VIE DONT IL NE VOULAIT PAS. LUI PRÉFÉRAIT LA LIBERTÉ.
IL A SONGÉ À REJOINDRE L'EUROPE SOUS UN GROS CAMION, AVANT D'OPTER FINALEMENT POUR LE BATEAU.
SOFIANE A D'ABORD FAIT ESCALE EN ESPAGNE OÙ IL A FAIT DES PETITS BOULOTS...
... AVANT DE REJOINDRE PARIS, LÀ OÙ IL LUI SERAIT PLUS SIMPLE DE TROUVER UN JOB À PLEIN-TEMPS, PENSAIT-IL.

DES CONTACTS DANS LA CAPITALE LUI ONT D'EMBLÉE ASSURÉ QUE "LE PLUS SIMPLE POUR TRAVAILLER", C'ÉTAIT DE DEVENIR LIVREUR.
LÉGUMES
BAZAR
PUISQU'IL N'A PAS DE PAPIERS D'IDENTITÉ NI DE TITRE DE SÉJOUR EN RÈGLE, LA PRÉSENCE DE SOFIANE EN FRANCE EST THÉORIQUEMENT ILLÉGALE.
METRO
IL LUI EST IMPOSSIBLE DE CHERCHER UN BOULOT OFFICIELLEMENT, DE LOUER UN APPARTEMENT...
MMOBILI
... ET IL REDOUTE TOUS LES JOURS UN CONTRÔLE DE POLICE QUI POURRAIT LE RENVOYER DANS SON PAYS D'ORIGINE.
POUR VIVRE, IL DOIT TOUT FAIRE ILLÉGALEMENT.
IL SOUS-LOUE UNE CHAMBRE À UN AMI DANS UNE COLOCATION, QU'IL PAIE EN LIQUIDE POUR QU'IL N'Y AIT PAS DE TRACES.

UN CONTACT À PARIS LUI A PROPOSÉ DE TRAVAILLER EN EMPRUNTANT L'IDENTITÉ DE QUELQU'UN EN RÈGLE, AVEC DES PAPIERS FRANÇAIS.
C'EST UN RISQUE, MAIS EN TANT QUE LIVREUR "PERSONNE NE VÉRIFIE".
UNE PRATIQUE FRÉQUEMMENT UTILISÉE PAR LES TRAVAILLEURS SANS PAPIERS DANS LE BÂTIMENT OU LA RESTAURATION.
JOB
DANS LA VRAIE VIE, IL S'APPELLE DONC SOFIANE, MAIS SUR L'APPLICATION DE LIVRAISON QU'IL UTILISE, IL PORTE LE NOM DE "SAMI".
PROFIL
SAMI
VÉLO
SOFIANE A REÇU UN SCOOTER DE LA PART DES PERSONNES QUI LE FONT TRAVAILLER.
MAIS IL A RAPIDEMENT REMARQUÉ QU'IL N'Y AVAIT NI ASSURANCE NI CARTE GRISE. IL DOIT DONC FAIRE TRÈS ATTENTION DE NE PAS AVOIR D'ACCIDENT.

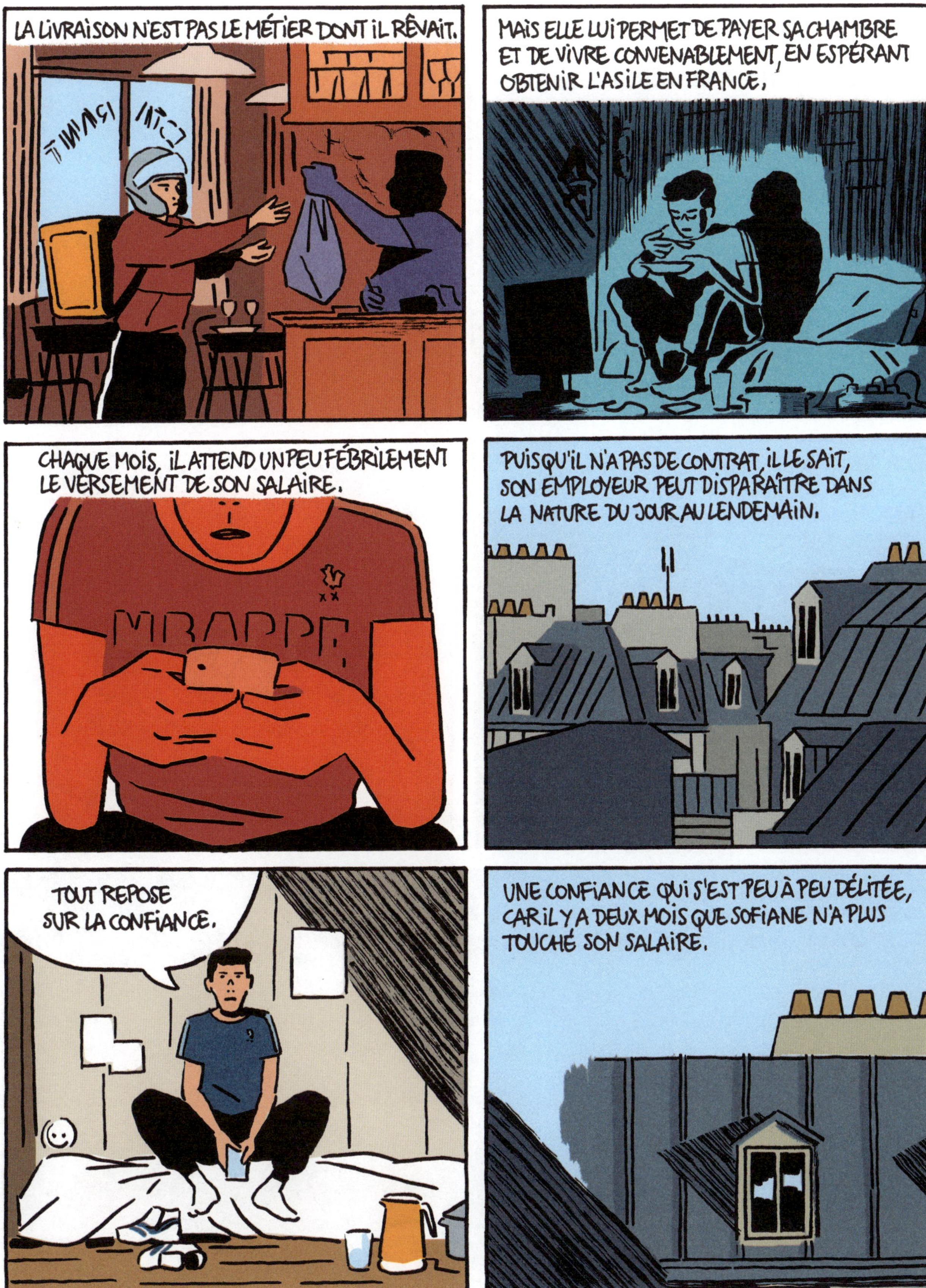
LA LIVRAISON N'EST PAS LE MÉTIER DONT IL RÊVAIT.
MAIS ELLE LUI PERMET DE PAYER SA CHAMBRE ET DE VIVRE CONVENABLEMENT, EN ESPÉRANT OBTENIR L'ASILE EN FRANCE,
CHAQUE MOIS, IL ATTEND UN PEU FÉBRILEMENT LE VERSEMENT DE SON SALAIRE.
MBAPPE
PUISQU'IL N'A PAS DE CONTRAT, IL LE SAIT, SON EMPLOYEUR PEUT DISPARAÎTRE DANS LA NATURE DU JOUR AU LENDEMAIN.
TOUT REPOSE SUR LA CONFIANCE.
UNE CONFIANCE QUI S'EST PEU À PEU DÉLITÉE, CAR IL Y A DEUX MOIS QUE SOFIANE N'A PLUS TOUCHÉ SON SALAIRE.

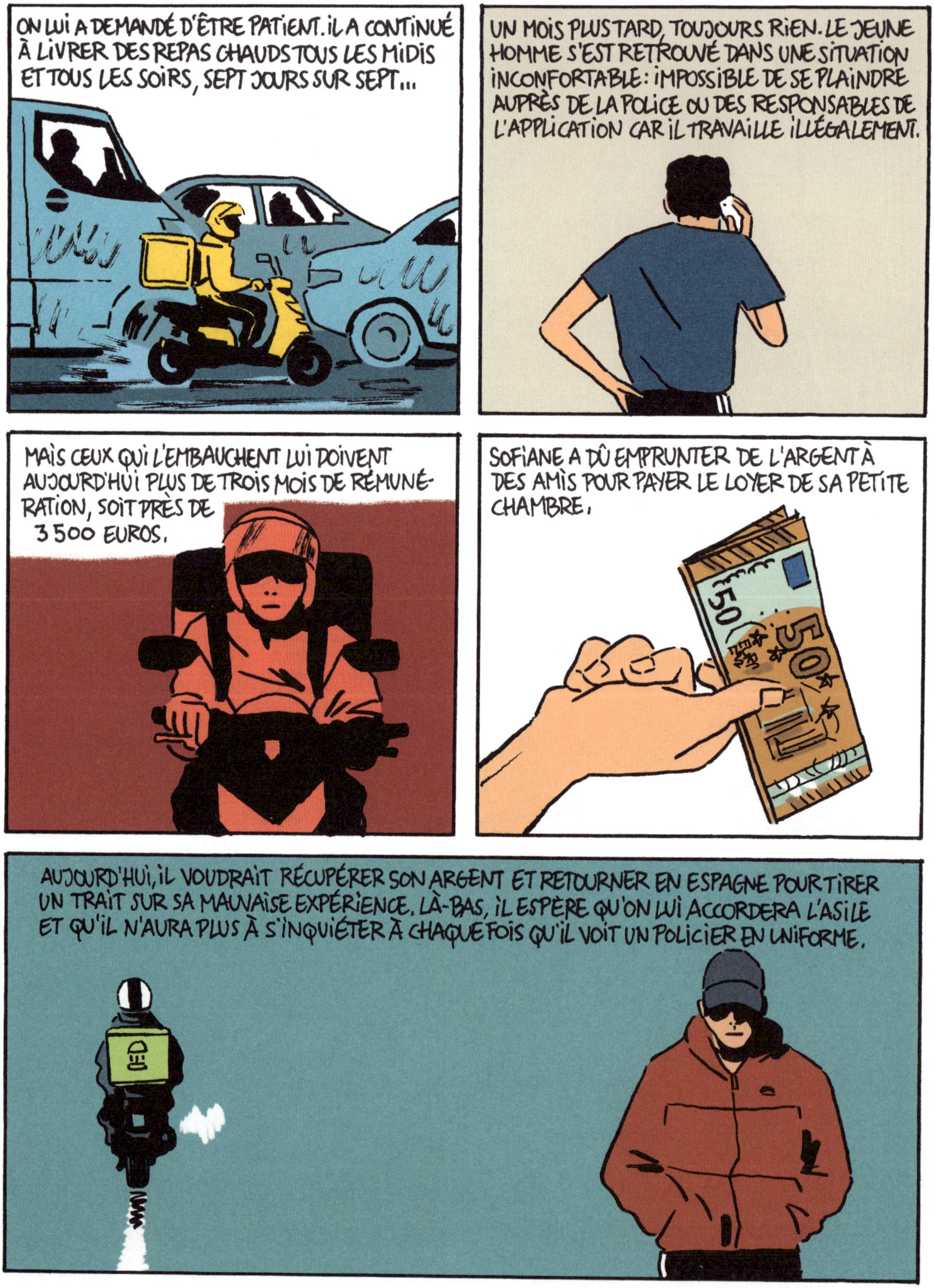
ON LUI A DEMANDÉ D'ÊTRE PATIENT. IL A CONTINUÉ À LIVRER DES REPAS CHAUDS TOUS LES MIDIS ET TOUS LES SOIRS, SEPT JOURS SUR SEPT...
UN MOIS PLUS TARD, TOUJOURS RIEN. LE JEUNE HOMME S'EST RETROUVÉ DANS UNE SITUATION INCONFORTABLE : IMPOSSIBLE DE SE PLAINDRE AUPRÈS DE LA POLICE OU DES RESPONSABLES DE L'APPLICATION CAR IL TRAVAILLE ILLÉGALEMENT.
MAIS CEUX QUI L'EMBAUCHENT LUI DOIVENT AUJOURD'HUI PLUS DE TROIS MOIS DE RÉMUNÉRATION, SOIT PRÈS DE 3 500 EUROS.
SOFIANE A DÛ EMPRUNTER DE L'ARGENT À DES AMIS POUR PAYER LE LOYER DE SA PETITE CHAMBRE.
50
AUJOURD'HUI, IL VOUDRAIT RÉCUPÉRER SON ARGENT ET RETOURNER EN ESPAGNE POUR TIRER UN TRAIT SUR SA MAUVAISE EXPÉRIENCE. LÀ-BAS, IL ESPÈRE QU'ON LUI ACCORDERA L'ASILE ET QU'IL N'AURA PLUS À S'INQUIÉTER À CHAQUE FOIS QU'IL VOIT UN POLICIER EN UNIFORME.

CHAQUE MIDI ET CHAQUE SOIR, DES LIVREURS COMME ROMAIN, MOHAMMED ET SOFIANE SE CROISENT DANS LES RUES DES GRANDES VILLES.
IL N'Y A QU'À S'ASSEOIR À LA TERRASSE D'UN CAFÉ ET REGARDER LES DEUX-ROUES PASSER PENDANT 30 MINUTES POUR S'EN RENDRE COMPTE...
LES LIVREURS SONT CHAQUE ANNÉE UN PEU PLUS NOMBREUX...
... ET S'IL EXISTE UNE GRANDE MIXITÉ DE PROFILS, COMME LE MONTRENT LES TROIS JEUNES HOMMES, LE MÉTIER DEVIENT DE PLUS EN PLUS PRÉCAIRE.
C'EST D'AILLEURS CE QUE DÉNONCENT AUJOURD'HUI LES COLLECTIFS DE DÉFENSE DES LIVREURS : QUAND, AUPARAVANT, ON TROUVAIT BEAUCOUP D'ÉTUDIANTS COMME ROMAIN...
... LES LIVREURS SONT DE PLUS EN PLUS SOUVENT DES JEUNES COMME MOHAMMED ET SOFIANE.

AU FIL DES ANNÉES, LES APPLICATIONS DE LIVRAISON ONT BAISSÉ LE PRIX DES RÉMUNÉRATIONS DES COURSES. LES PASSIONNÉS DE VÉLO ET LES MOINS PRÉCAIRES ONT DISPARU DES APPLICATIONS...
L'ACTIVITÉ S'EST PROFESSIONNALISÉE, ELLE SE FAIT AUJOURD'HUI BEAUCOUP À PLEIN-TEMPS, MAIS ELLE S'EST AUSSI PRÉCARISÉE.
20
20
EURO
RÉGULIÈREMENT, DES LIVREURS DESCENDENT DANS LA RUE POUR DÉNONCER LA BAISSE DES PRIX DE LEURS LIVRAISONS.
CHAMPION DE LA
CERTAINS POURSUIVENT AUSSI LES APPLICATIONS EN JUSTICE POUR FAIRE RECONNAÎTRE CE QU'ILS ESTIMENT ÊTRE :
DES SALARIÉS DÉGUISÉS...

Réactions à chaud

Ouf! Allan Barte, James et Terreur Graphique nous ont livré leurs dessins sur les livreurs à temps.

MAUVAISE LANGUE

Genre, c'est de ta faute !

Par **Aurélie Palud** et **Joseph Falzon**

HÉRÉSIE ! QU'EST-CE QUE C'EST QUE CE LANGAGE ?
Mais qui êtes-vous ?
?
?
Petite insolente ! Je suis l'abbé Bouhours, grand grammairien du 17e siècle ! J'ai modelé la langue française et je voyage à travers le temps pour vérifier que mes préceptes sont appliqués ! Et vous, vous les piétinez !
Mais, qu'est-ce qu'on a dit ?
ON DIT « AUTEUR » ! « AUTRICE » N'EXISTE PAS !
C'est quoi le problème avec « autrice » ? On dit bien « actrice ».
Mais, voyons ! La littérature est une question trop importante pour être confiée à des femmes ! Ne vous a-t-on jamais appris qu'en grammaire « le masculin l'emporte sur le féminin » ?
(C'est de moi.)
grmbllllll
VIEIL HOMME ! CE DISCOURS MISOGYNE EST INSUPPORTABLE !
Ben quoi ? C'est ce qu'on a appris au CP...
Pourquoi tu te mets dans un état pareil ?
Je dois vous avouer un truc. Récemment, j'ai été mordue par un escargot radioactif. Depuis, mon corps change. Je deviens comme ce merveilleux petit animal. Je suis hermaphrodite, à la fois mâle et femelle !
CROC

T'es une super-héroïne ! Escargot-Woman !
Trop classe !
C'est pour ça que tu baves partout !
Je ne vois pas de quoi tu parles...
Quoi qu'il en soit, depuis, la langue française me paraît bien étrange. Pourquoi le masculin devrait-il forcément l'emporter sur le féminin ?
PARCE QUE C'EST LA RÈGLE ! (Que j'ai écrite, par ailleurs.)
Dire que le masculin l'emporte sur le féminin, ça participe à empêcher l'émancipation des femmes ! Ça les conditionne à se croire inférieures ! Le monde a changé depuis 1675 !
Et pourquoi certains termes deviennent des insultes quand ils passent au féminin ?
Une chatte, c'est connoté. Un chat, non.
Une garce, c'est connoté. Un gars, non.
La langue crée des barrières ! Certains métiers ne se féminisent pas et inversement. Une fille doit-elle renoncer à son envie de devenir plombier ?
OUI ! TU AS RAISON ! C'est décidé ! Je vais devenir plombière !
(J'adore les tuyaux et les arrivées d'eau.)
PAREIL ! Je serai hôte d'accueil parce que c'est un beau métier !
(Et j'adore les hottes.)

ÇA SUFFIT ! J'AI ENTENDU ASSEZ D'INEPTIES COMME ÇA ! JEUNE FILLE, VEUILLEZ VOUS TAIR...AAAAA
FWWWWWWWWWW
La vraie question qu'il faut poser est : pourquoi tiens-tu absolument à ce que le masculin l'emporte ? Qu'as-tu à cacher ?
Je... Je... snif ...
Oui ! (Snirfle) Je l'avoue ! Si j'ai créé cette règle, c'est parce que je manque de confiance en moi !
J'ai choisi la violence et l'agressivité pour me donner une contenance ! Snirfle ! J'avais tort depuis le début !
Saurez-vous me pardonner ?
Ne t'inquiète pas, papy. On fait tous des erreurs et tu as appris une grande leçon.
Maintenant, va. Tu peux rejoindre ton époque, serein et libéré.
Merci à tous. Adieu.
Bravo ! Quel héroïsme !
BWWOOOOOOOOO...
Merci, un grand pouvoir implique de grandes responsabilités.
Mais je vous laisse, je cours défendre les opprimés.
EN ROUTE POUR DE NOUVELLES AVENTURES !
À bientôt, Escargot-Woman !
sprouitsh
C'est quand même un peu crado, toute cette bave...
sprouitsh

CAPTURE D'ÉCRAN

La mécanique du cauchemar

VOUS ÊTES-VOUS DÉJÀ DEMANDÉ POURQUOI UNE PORTE QUI GRINCE OU DES PAS QUI RÉSONNENT DANS LA NUIT PEUVENT VOUS TERRIFIER LORSQUE VOUS REGARDEZ UN FILM ? PETITE EXPLICATION POUR LES ADEPTES DE GRANDS FRISSONS.

Par **Axel Cadieux** et **Akeussel**

89 MILLIONS DE DOLLARS RÉCOLTÉS PARTOUT DANS LE MONDE, POUR UN BUDGET D'À PEINE 3 MILLIONS...
LE FILM QUI A RÉALISÉ CE TRÈS GRAND COUP S'APPELLE "AMERICAN NIGHTMARE", SORTI EN 2013, ET VOUS EN AVEZ PEUT-ÊTRE DÉJÀ ENTENDU PARLER.
BÉNIS SOIENT NOS NOUVEAUX PÈRES FONDATEURS ET L'AMÉRIQUE, UNE NATION RESSUSCITÉE.
VOICI LE PITCH : DANS UN FUTUR PROCHE, TOUTES LES ACTIVITÉS CRIMINELLES SONT AUTORISÉES DURANT UNE NUIT ENTIÈRE.
NOUS POUVONS ENTRER CHEZ N'IMPORTE QUI ET NOUS LE FERONS AVEC PLAISIR, CAR CE SOIR, NOUS AVONS TOUS LES DROITS.
FORCÉMENT, ÇA DÉRAPE...

L'HOMME DERRIÈRE CE FILM S'APPELLE JASON BLUM ET IL N'EST PAS RÉALISATEUR, MAIS PRODUCTEUR, C'EST-À-DIRE QU'IL ASSURE LE FINANCEMENT ET ENCADRE LE TOURNAGE.
SON ENTREPRISE, APPELÉE BLUMHOUSE PRODUCTIONS, A TOUT BONNEMENT RÉVOLUTIONNÉ LE CINÉMA D'HORREUR AUX ÉTATS-UNIS, ET PEUT-ÊTRE MÊME DANS LE MONDE ENTIER.
BLUMHOUSE
PRODUCTIONS
AVEC DES FILMS COMME « CONJURING », « PARANORMAL ACTIVITY », « JESSABELLE » OU « INSIDIOUS », JASON BLUM A RÉUSSI À COMBINER DEUX IDÉES TRÈS FORTES :
UN BUDGET EXTRÊMEMENT FAIBLE, CAR IL ARRIVE QU'UN TOURNAGE DURE MOINS DE DEUX OU TROIS SEMAINES.
MAIS AUSSI UN SCÉNARIO AVEC UN VRAI CONCEPT QUI SE DÉMARQUE TOTALEMENT DES AUTRES ET RESTE RECONNAISSABLE AU PREMIER COUP D'ŒIL, COMME CELUI DE « AMERICAN NIGHTMARE ».

AVEC CETTE FORMULE, JASON BLUM EST DEVENU L'UN DES PRODUCTEURS LES PLUS EN VUE, CAR IL SAIT TERRIFIER LES SPECTATEURS.
HOLLYWOOD
D'AILLEURS, C'EST UNE BONNE QUESTION : COMMENT FAIT-ON PEUR, AU CINÉMA ?
TU VEUX UN BALLON AUSSI, GEORGIE ?
EST-CE QU'IL Y A UNE RECETTE MAGIQUE ? UNE OU PLUSIEURS MÉTHODES INFAILLIBLES ?
ON PEUT DÉJÀ ÉVOQUER UNE TECHNIQUE BIEN CONNUE, TRÈS UTILISÉE DANS LES FILMS PRODUITS PAR JASON BLUM : CE QU'ON APPELLE LE « JUMP SCARE ».
EN FRANÇAIS, « LE SURSAUT DE LA PEUR ».
EN GROS, IL S'AGIT DE MONTRER DE MANIÈRE TRÈS SOUDAINE UNE CHOSE EFFRAYANTE, LE PLUS SOUVENT ACCOMPAGNÉE D'UNE MUSIQUE AU DIAPASON. ET QUE FAIT LE SPECTATEUR DANS CES CAS-LÀ ?
IL SURSAUTE, ÉVIDEMMENT !

CETTE TECHNIQUE A ÉTÉ, PAR EXEMPLE, TRÈS UTILISÉE DANS « LE CERCLE », SORTI EN 2002.
ET C'EST AMUSANT, CAR IL S'AGIT DU REMAKE D'UN FILM JAPONAIS BAPTISÉ « RING », QUI EMPLOYAIT UNE MÉTHODE TOTALEMENT OPPOSÉE : LA LENTEUR.
RAH, MON DOS ! VIVEMENT LES ÉCRANS PLATS, JE N'EN PEUX PLUS DES ANNÉES 1990...
DANS « RING », UN ÉPOUVANTABLE FANTÔME AUX CHEVEUX HUMIDES LUI CACHANT LE VISAGE SORT PEU À PEU D'UNE TÉLÉ ET VIENT PROGRESSIVEMENT MENACER DES ENFANTS. INUTILE DE VOUS DIRE QUE LE FILM A TERRIFIÉ UNE GÉNÉRATION ENTIÈRE...
IL EST DONC ICI QUESTION DE SUSPENSE, CE SENTIMENT D'ATTENTE MÊLÉE D'ANGOISSE, DONT LE PLUS GRAND MAÎTRE EST TRÈS PROBABLEMENT L'INCONTOURNABLE ALFRED HITCHCOCK.

PARLONS-EN D'AILLEURS, D'HITCHCOCK ! EN TANT QUE PIONNIER DU CINÉMA D'HORREUR, L'ANGLAIS AVAIT BIEN COMPRIS UNE CHOSE CAPITALE : SUGGÉRER UN ACTE HORRIBLE EST TOUJOURS BEAUCOUP PLUS EFFICACE ET MÉMORABLE QUE LE MONTRER.
KRÂ !
PAR EXEMPLE, DANS UN DE SES FILMS LES PLUS CONNUS, « PSYCHOSE », IL Y A UNE SCÈNE CULTE : UNE FEMME EST ASSASSINÉE DANS SA DOUCHE.
AAAAAAAAAAAAA AAAAAAAAAAAAAA AAAAAAAAAAH !!!
EH BIEN, TOUT LE MONDE S'EN SOUVIENT COMME D'UN MOMENT TRÈS GORE, ALORS QU'À AUCUN MOMENT ON NE VOIT LE COUTEAU ENTRER DANS LA CHAIR ! C'EST UNE VÉRITABLE LEÇON.

TOBE HOOPER S'EN SOUVIENDRA QUAND IL RÉALISERA « MASSACRE À LA TRONÇONNEUSE », UN AUTRE FILM CULTE DE 1974.
ON GARDE EN MÉMOIRE UN FILM TRÈS SANGUINOLENT, ALORS QUE, LÀ ENCORE, ON NE VOIT QUASIMENT AUCUN CORPS DÉCOUPÉ…
AOUUUUUUUUH !!!
AOUUUUUUUUH !!!
FERMEZ-LA.
C'EST LE SPECTATEUR, TÉTANISÉ PAR LA PUISSANCE DE LA SUGGESTION, QUI S'IMAGINE LUI-MÊME LES PIRES ATROCITÉS.
ÇA, C'EST UN VRAI TOUR DE PASSE-PASSE DE CINÉMA !

JASON BLUM N'A PAS PRODUIT QUE DES BONS FILMS D'HORREUR, LOIN DE LÀ. MAIS LA PLUPART DES CINÉASTES QU'IL CHOISIT MAÎTRISENT CES TECHNIQUES ET SONT EN PLUS CAPABLES DE DÉVELOPPER UN MESSAGE POLITIQUE BIENVENU.

PAR EXEMPLE, DANS « AMERICAN NIGHTMARE », IL Y A UN SOUS-TEXTE ANTI-ARMES À FEU ASSEZ ÉVIDENT, ET PLUTÔT EFFICACE.

COMME QUOI, IL EST TOUT À FAIT POSSIBLE DE RÉALISER UN FILM D'HORREUR QUI SOIT INTELLIGENT ET PROPOSER DANS LE MÊME TEMPS UN VRAI DISCOURS SUR LA SOCIÉTÉ.
PARCE QUE ÇA SERT AUSSI À ÇA, LE CINÉMA !

Les pollueurs pullulent

Par **Marine Blandin**

DE QUI SE MOQUE-T-ON ?

TikTok

GRÂCE À SON PUBLIC TRÈS JEUNE ET À SA LARGE AUDIENCE, TIKTOK DÉCHAÎNE LES PASSIONS. AU ROYAUME DES INFLUENCEURS, CETTE APPLI POURRAIT BIEN FINIR PAR DÉTRÔNER INSTAGRAM.

Par **Pochep**

TIKTOK,
LE RÉSEAU SOCIAL QUI MONTE EN PUISSANCE, COMPTABILISE
DÉJÀ 800 MILLIONS D'UTILISATEURS À TRAVERS LE MONDE !
L'APPLICATION PERMET DE PARTAGER
DE COURTES VIDÉOS OÙ CHACUN PEUT SE METTRE
EN SCÈNE COMME IL L'ENTEND...
TikTok
CHANSON, DANSE, SKETCH, IMPRO... TIKTOK SÉDUIT PAR LA MANIÈRE DONT
L'APPLI POUSSE CHACUN À ÊTRE CRÉATIF POUR SE DISTINGUER. LES TIKTOKEURS
LES PLUS CÉLÈBRES DRAINENT DES DIZAINES DE MILLIONS DE FOLLOWERS.
EN FRANCE AUSSI,
QUELQUES PERSONNALITÉS
CULMINENT À PLUSIEURS MILLIONS
D'ABONNÉS ET ACCÈDENT AU STATUT
D'INFLUENCEURS.
CHARLI D'AMELIO
+ de 100 millions d'abonnés
Addison RAE
78 millions d'Abonnés
JOSH RICHARDS
24 millions d'Abonnés
Wejdene
3 millions d'Abonnés
TIBO INSHAPE
6 millions d'Abonnés
ARRIVÉ EN 2016, BIEN APRÈS INSTAGRAM EN 2010 ET FACEBOOK EN 2004, TIKTOK A RÉUSSI
À S'IMPOSER, NOTAMMENT EN INTÉRESSANT D'ABORD LES 18-24 ANS.
TIKTOK
PARCOURSUP
INSTAGRAM
Vinted
FACEBOOK
TINDER
Rencontres Seniors+
TousAntiCovid

De qui se moque-t-on ?

DANS LE SILLAGE DES INFLUENCEURS, LES INDUSTRIELS, LES COMMERÇANTS, LES ANNONCEURS, LES FOURNISSEURS, LES NÉGOCIANTS, LES VENDEURS, LES DISTRIBUTEURS ET LES MARCHANDS ONT TOUS DÉBARQUÉ SUR TIKTOK, ESPÉRANT CAPTER L'ATTENTION DE LA JEUNESSE.
?
MÊME LES ORGANISMES D'ÉTAT ONT BIEN CONSCIENCE QU'IL FAUT USER DE CE NOUVEAU CANAL POUR PARLER À UNE POPULATION QUI N'EMPRUNTE PAS LES MÊMES CHEMINS MÉDIATIQUES QUE SES AÎNÉS.
PAR EXEMPLE, EN 2019, LE MINISTÈRE DE L'ÉDUCATION EST ENTRÉ EN CONTACT AVEC QUELQUES POIDS LOURDS DE TIKTOK POUR FAIRE LA PROMOTION DU SERVICE NATIONAL UNIVERSEL (CONTRE RÉMUNÉRATION).
ENZO, TAIS-TOI !
3 millions d'abonnés
Sundy Jules
2,6 millions d'abonnés
LES PERSONNALITÉS POLITIQUES ONT VU AVEC TIKTOK UN MOYEN DE PARFAIRE LEUR IMAGE INNOVANTE ET À L'ÉCOUTE D'UN POTENTIEL ÉLECTORAT...
RÉPU
SALUT À TOI, JEUNE ENTREPRENEUR !
BAR-REZ-VOUS !
MACRON
MÉLENCHON
SCHIAPPA

C'EST QUOI CE TRAVAIL ?

IL FAUT AVOIR
UNE BONNE VUE,
BIEN SÛR.
MAIS IL FAUT AUSSI
ÊTRE CALME, PATIENT,
MÉTHODIQUE.
CAR LES PIERRES
SONT PRÉCIEUSES
ET LE TRAVAIL EST
MINUTIEUX.

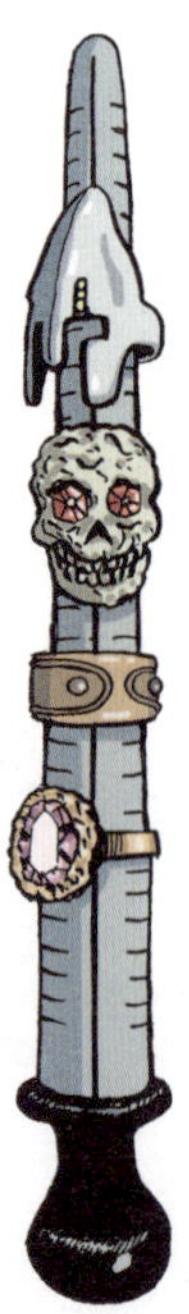

→ *Sertisseur*

Par **Julie Lerat** et **Grégory Mardon**

QUAND J'ÉTAIS PETIT, J'ÉTAIS UN SALE GOSSE.
J'AI RATÉ LE BUS.
ENCORE ?! TU VAS ME RENDRE FOLLE !
JE N'AIMAIS PAS L'ÉCOLE.
J'AVAIS ENVIE DE FAIRE UN MÉTIER MANUEL, DE POUVOIR GAGNER RAPIDEMENT MA VIE.
BIJOUTERIE
MON PÈRE ÉTAIT SERTISSEUR ET IL M'A APPRIS LE MÉTIER DANS SON ATELIER À BEYROUTH, AU LIBAN.
IL EST TRÈS PERFECTIONNISTE. IL A TRAVAILLÉ POUR DE GRANDES BIJOUTERIES EN SUISSE ET EN ITALIE.
C'EST UN MÉTIER QUI S'EST LONGTEMPS TRANSMIS DE PÈRE EN FILS EN FRANCE, AUSSI.
GORILLA
QUAND JE SUIS ARRIVÉ À PARIS, J'AI VITE TROUVÉ DU TRAVAIL DANS UN ATELIER, DANS LE MARAIS. C'EST L'UN DES QUARTIERS OÙ L'ON TROUVE TOUS LES MÉTIERS QUI ONT TRAIT AUX BIJOUX. IL Y A DES FABRICANTS...

C'est quoi, ce travail ?

IL ME DONNE UNE PIÈCE NUE SUR LAQUELLE JE VAIS POSER DES PIERRES.
IL FAUT FORCER BEAUCOUP SUR LES MAINS POUR ARRIVER À FAIRE TENIR LES PIERRES.
J'AI TOUT LE TEMPS DES COUPURES PARCE QU'ON DÉRAPE FACILEMENT AVEC NOS OUTILS.
CIRE DURCIE
SUR CERTAINES PIÈCES, IL Y A DES CHATONS QUI VONT TENIR LA PIERRE.
CHATONS
JE MANIPULE DE TOUT PETITS DIAMANTS. ÇA COÛTE BIEN MOINS CHER QUE CE QUE L'ON CROIT. LES PLUS PETITS COÛTENT 4 EUROS.
MAIS JE MANIPULE AUSSI DE TRÈS GROSSES PIERRES QUI PEUVENT VALOIR JUSQU'À 20 000 EUROS.
ET CONTRAIREMENT À CE QUE L'ON CROIT, LE DIAMANT, ÇA CASSE… ÇA PEUT ÊTRE STRESSANT.
À PARIS, LES SERTISSEURS TRAVAILLAIENT AVEC DES BINOCULAIRES. MOI, ÇA ME FATIGUAIT.
J'AIME MIEUX TRAVAILLER À L'ANCIENNE, À L'ŒIL NU. MAIS QUAND IL FAUT POSER DES CENTAINES DE PIERRES BRILLANTES, C'EST INDISPENSABLE.

C'est quoi, ce travail ?

JE LES FABRIQUE SURTOUT EN ARGENT OU AVEC DU CUIVRE DE RÉCUPÉRATION.
JE FONDS LE MÉTAL AU CHALUMEAU.
JE LE PASSE AU LAMINOIR POUR L'APLATIR.
PUIS JE FABRIQUE LA STRUCTURE DE LA BAGUE. JE SOUDE DES MORCEAUX DE MÉTAL ENTRE EUX.
JE TAPE SUR LE MÉTAL. JE LE MARTÈLE.
JE CHANGE LA COULEUR EN LE TREMPANT DANS DES PRODUITS CHIMIQUES.
PSCHRRR
POUR QUE L'ARGENT DEVIENNE NOIR, ON PEUT LE PLONGER DANS DE L'EAU DE JAVEL.
N'ESSAYEZ PAS CHEZ VOUS !
CARTIER
POUR CERTAINES PIÈCES QUE JE VAIS FABRIQUER PLUSIEURS FOIS, IL FAUT FAIRE UN MOULE EN CAOUTCHOUC QUI POURRA ME RESSERVIR.
COMME ÇA, JE PEUX DÉCLINER UNE PIÈCE DE MILLE FAÇONS DIFFÉRENTES.

JE VENDS MES PIÈCES SUR INTERNET OU VIA MON COMPTE INSTA @meteque961.
ET PARFOIS SUR DES MARCHÉS SPÉCIALISÉS.
JE RÉALISE AUSSI DES COMMANDES SUR MESURE.
LES GENS REVIENNENT SOUVENT ME VOIR POUR PASSER DE NOUVELLES COMMANDES...
... PARCE QU'ILS AIMENT QUE LE TRAVAIL SOIT FAIT PAR UN ARTISAN...
... ET PENSER EUX-MÊMES LEURS BIJOUX.
CE QUE J'AIME, DANS CE MÉTIER, C'EST QUE JE PEUX TOUT INVENTER.
ON PEUT TESTER PLEIN DE CHOSES, LES DÉTOURNER. IL N'Y A AUCUNE LIMITE.

D'AILLEURS, J'AI DÉVELOPPÉ UNE ACTIVITÉ INATTENDUE.
UN JOUR, UN PROTHÉSISTE DENTAIRE M'A DEMANDÉ :
POUVEZ-VOUS SERTIR DES PIERRES SUR UN MÉTAL TRÈS DUR...
... QUE J'UTILISE POUR FAIRE DES GRILLZ POUR DES RAPPEURS ?
ÇA, ÇA M'AMUSE BEAUCOUP.
QUAND J'AI FINI UN GRILLZ, COMME UNE PIÈCE DE LUXE, JE LE METS DANS UNE MACHINE À ULTRASONS QUI VA LE NETTOYER.
MAIS QUI VA SURTOUT ME PERMETTRE DE SAVOIR SI LES PIERRES TIENNENT BIEN.
PARFOIS, ÇA SAUTE. ÇA TOMBE.
ÇA SERAIT DOMMAGE D'AVALER UNE PIERRE PRÉCIEUSE.
PAS VRAI ?

LE GOÛT DES AUTRES

Passée par l'armée, l'usine et par toutes les branches où l'on sert en uniforme, **la casquette** a accompagné les travailleurs en commençant en bas de l'échelle. Aux côtés des sportifs, elle devient synonyme de loisirs et intègre des codes vestimentaires plus pépères. Avec la naissance du hip-hop, cette culture dont le style va puiser dans le base-ball, le basket et le vêtement de travail, la casquette devient, dans les années 1980-1990, une pièce abordable et centrale du look appelé streetwear. Depuis, le monde ne peut plus se passer d'elle.

Déjà populaire dans les années 1980 sous le nom de course à pied ou de jogging, le running est devenu, ces dix dernières années, un phénomène de masse. Les équipementiers se sont pressés pour concevoir les plus belles tenues, tant et si bien que l'on ne sait plus aujourd'hui si une personne portant baskets (sneakers, si vous insistez), casquette et legging est une sportive en plein exercice ou une bête de mode en avance de pas grand-chose sur son temps.

Par **Gonzague Dupleix** et **Stephen Vuillemin**

Les Yankees, les Sox, les Giants, les Mets, les Oakland Athletics : en supportant les clubs de base-ball de leur ville, les rappeurs ont suscité un véritable engouement autour des casquettes de certaines d'entre eux. Le base-ball n'étant pas un sport populaire au-delà des frontières nord-américaines, elles sont devenues pour des millions de fans de Jay-Z, de Tupac ou encore NWA, un moyen détourné d'intégrer leur équipe préférée.

À la croisé des mondes, entre les supporteurs et les superstars, les grandes maisons de mode ont mis une panoplie au point. En vieillissant, les vêtements et accessoires qui leur posaient problème deviennent chics. Voilà comment la casquette de base-ball originelle est devenue un nouveau composant d'un look parisien. Basique à souhait, avec un peu de barbe et un beau manteau, elle rappelle le look des people cherchant à passer incognito à la caisse du supermarché.

TRANCHE DE L'ART

DES CORPS TORDUS, UN ÉROTISME OBSCÈNE, UNE SEXUALITÉ CRUE... DANS LA BONNE SOCIÉTÉ DE LA FIN DE L'EMPIRE AUSTRO-HONGROIS, LES OEUVRES D'EGON SCHIELE FONT SCANDALE. MORT À 28 ANS, CE PEINTRE AUTRICHIEN QUI FAIT VOLER EN ÉCLATS LES CONVENTIONS INCARNE À LA PERFECTION LE MYTHE DE L'ARTISTE MAUDIT.

Trait torturé

Par **Nicolas Moog**

DOCKS DE LIVERPOOL, EN ANGLETERRE, ÉTÉ 2018.
PAPA, JE VEUX UNE GLACE.
T'EN AS DÉJÀ EU 3 CE MATIN, CALMOS.
TATE
TIENS, QU'Y A-T-IL AU PROGRAMME DE LA TATE LIVERPOOL ?
JE VEUX UNE GLACE.
HAN ! UNE EXPOSITION DE EGON SCHIELE !... ON Y VA !
HIGHLIGHTS
EGON SCHIELE
LIFE IN MOTION
24 MAY
23 SEPTEMBER
2018
TATE
NON.
TU VAS ME SUIVRE SANS FAIRE D'HISTOIRES, S'IL TE PLAÎT, JE TE LE DIS TOUT DE SUITE !
NON.
JE TE PAIE UNE GLACE À LA SORTIE.
UNE GLACE DEUX BOULES.
OK.
VENDU.

EN AVANT !
ÉTAT
NOUS Y SOMMES !
... ET LE VOILÀ !
EGON SCHIELE
EGON SCHIELE EST UN PEINTRE AUTRICHIEN NÉ EN 1890. IL COMMENCE À PEINDRE TRÈS JEUNE ET, À 17 ANS, SE RAPPROCHE DE GUSTAV KLIMT, FIGURE MAJEURE DE L'ART NOUVEAU, DONT IL DEVIENT UN DISCIPLE. C'EST EN 1910 QU'IL S'ÉMANCIPE... ET VA CREUSER SON PROPRE SILLON.
QUE NOUS RÉSERVE DONC CETTE EXP... OH !

REGARDE CET « AUTOPORTRAIT EN POSITION ACCROUPIE » !
HA HA, ON VOIT SON ZIZI !
INTENSE ÉMOTION
SNRFL ...
MAIS OUI... SI CET AUTO-PORTRAIT ME BOULEVERSE, C'EST PAR SA RADICALITÉ...
ET SA LAIDEUR APPARENTE.
LA LIGNE DE SCHIELE EST SÛRE. LA REPRÉ-SENTATION EST CRUE.
WESH, ON DIRAIT UN RAPPEUR TOUT NU, TOUT MAIGRE !
TU AS TOUT À FAIT RAISON ! SCHIELE REPRÉSENTE DES CORPS CHORÉGRAPHIÉS MALADES...

* EN ANGLAIS DANS LE TEXTE.

... ET S'EXILE À LA CAMPAGNE. LES ENNUIS COMMENCENT ALORS. D'ABORD, IL EST SURPRIS EN TRAIN DE PEINDRE UNE PETITE FILLE NUE DANS SON JARDIN.
EXIT
PUIS ON L'ACCUSE DE VIOL ET DE DÉTOURNEMENT DE MINEUR. IL EST ARRÊTÉ, MAIS N'EST FINALEMENT CONDAMNÉ QUE POUR ATTENTAT À LA PUDEUR ET À LA MORALE. IL PURGE UNE COURTE PEINE DE PRISON AVANT DE RENTRER À VIENNE.
C'EST PAS TROP TÔT !
IL SE REMET AU TRAVAIL, VIT AU-DESSUS DE SES MOYENS, MÈNE UNE VIE DE PATACHON PLEINE DE DETTES ET TROMPE SA FEMME AVEC SES MODÈLES. SON DERNIER TABLEAU S'INTITULE "LA FAMILLE". SA FEMME, ENCEINTE DE 6 MOIS, MEURT LE 28 OCTOBRE 1918... IL LA SUIVRA DANS LA TOMBE...
... QUELQUES JOURS PLUS TARD, À 28 ANS, TOUS DEUX VICTIMES DE LA PANDÉMIE DE GRIPPE ESPAGNOLE, QUI FIT ALORS PLUS DE DEUX MILLIONS DE MORTS EN EUROPE.
C'EST QUOI, UNE PANDÉMIE, PAPA ?
T'INQUIÈTE, C'EST DU PASSÉ CES TRUCS-LÀ, UNE CHOSE QUI N'ARRIVERA PLUS !

11 septembre 2001

épisode 3/6

Le 11 septembre 2001, à 8h46, toutes les caméras sont braquées sur la tour Nord du World Trade Center, à New York. Un avion vient de la percuter. On évoque un accident lorsque, quelques minutes plus tard, un deuxième avion s'écrase sur la tour Sud. À la télévison, les images de l'attentat tournent en boucle. Alors que les tours sont en flammes, les autorités tentent tant bien que mal de sécuriser la zone.

Bientôt en librairie

Retrouvez, dès le 20 août, le livre coédité par TOPO et Dargaud.

Par **Baptiste Bouthier** et **Héloïse Chochois**

11 septembre, 10 h 28.
En seulement 102 minutes, New York a perdu ses tours jumelles, devant les caméras de télé du monde entier. Le World Trade Center a laissé place à un nuage de fumée gigantesque, dont chacun se souviendra à vie. Mais, pour l'instant, c'est la sidération qui l'emporte. Que s'est-il passé? Combien de victimes, de blessés, de disparus? Et qui a commis cet attentat impensable, sans précédent?
À Paris, Juliette et sa mère sont encore loin d'avoir les réponses à toutes ces questions.

... symbole de la puissance américaine...
... acte de guerre...
... peut-être des milliers de morts...
Allez, mangez tant que c'est chaud.
Tu te rends compte! J'étais à New York il y a six mois! C'est complètement dingue.
Je ne connaissais même pas le nom de ces tours, moi...
Mais si, tu sais bien, c'est entre les deux tours que le funambule, comment il s'appelle déjà...
Philippe Petit.
Voilà, Philippe Petit!
Il avait tiré un fil entre les deux tours juste après leur inauguration, en 1974!
Et il avait traversé!
Vous croyez que ça pourrait arriver en France? À Paris?

Où ça ? À La Défense ? Ou la tour Montparnasse ?
CLIC
Arrête, je suis suffisamment flippée comme ça…
Tu vas te coucher maintenant, Ju, il y a quand même école, demain.
D'ac.
Bonne nuit, tout le monde.
Le suspect n°1, à cette heure, c'est Oussama ben Laden et son organisation Al-Qaïda.
Je n'arrive toujours pas à y croire.

Alors que les tours sont en flammes, les autorités tentent tant bien que mal de sécuriser la zone.
DO NOT CROSS
La circulation a été interrompue dans tout le sud de Manhattan.
DO NOT CROSS
Les immeubles voisins sont évacués.
Joseph Pfeifer est le premier chef pompier à être arrivé sur place avec son équipe, qui était dans le quartier.
Ils ont vu le premier avion percuter la tour Nord et s'y sont précipités.
À quel étage êtes-vous?
... Est-ce que vous m'entendez?
(Silence.)
Joseph Pfeifer
45 ans
Américain
Chef de bataillon aux pompiers de New York (FDNY)
On dirait que la radio ne fonctionne pas...

Mais, très vite, ils ont été rejoints par des centaines de pompiers de toutes les casernes de New York.
CASERNE
CASERNE
CASERNE
CASERNE
CASERNE
CASERNE
CASERNE
Tous se préparent dans le calme, au rez-de-chaussée des deux tours.
Les chefs tentent de mettre en place une organisation. Sans davantage réaliser l'urgence, l'effondrement déjà imminent des tours.
OK, donc on indique quelle compagnie monte à quels étages sur ce grand tableau.
Très bien. Est-ce que vos radios fonctionnent bien?
Moi, j'arrive à parler à mes hommes, ils ont atteint le 10e étage.
Impossible de les contacter pour ma part, je parle dans le vide.
Moi, c'est une fois sur deux... Et quand je les entends, ça grésille tellement que je ne comprends pas grand-chose.

Consciencieusement, les pompiers montent vers ce feu pour l'éteindre, un objectif qui paraît insensé avec le recul. Ils peinent beaucoup, et pour cause : tous les ascenseurs étant hors service, ils doivent transporter leur lourd matériel dans les escaliers, étage par étage. Parfois, cela représente près de 20 kilos. Dans ces conditions, monter un étage prend environ une minute.

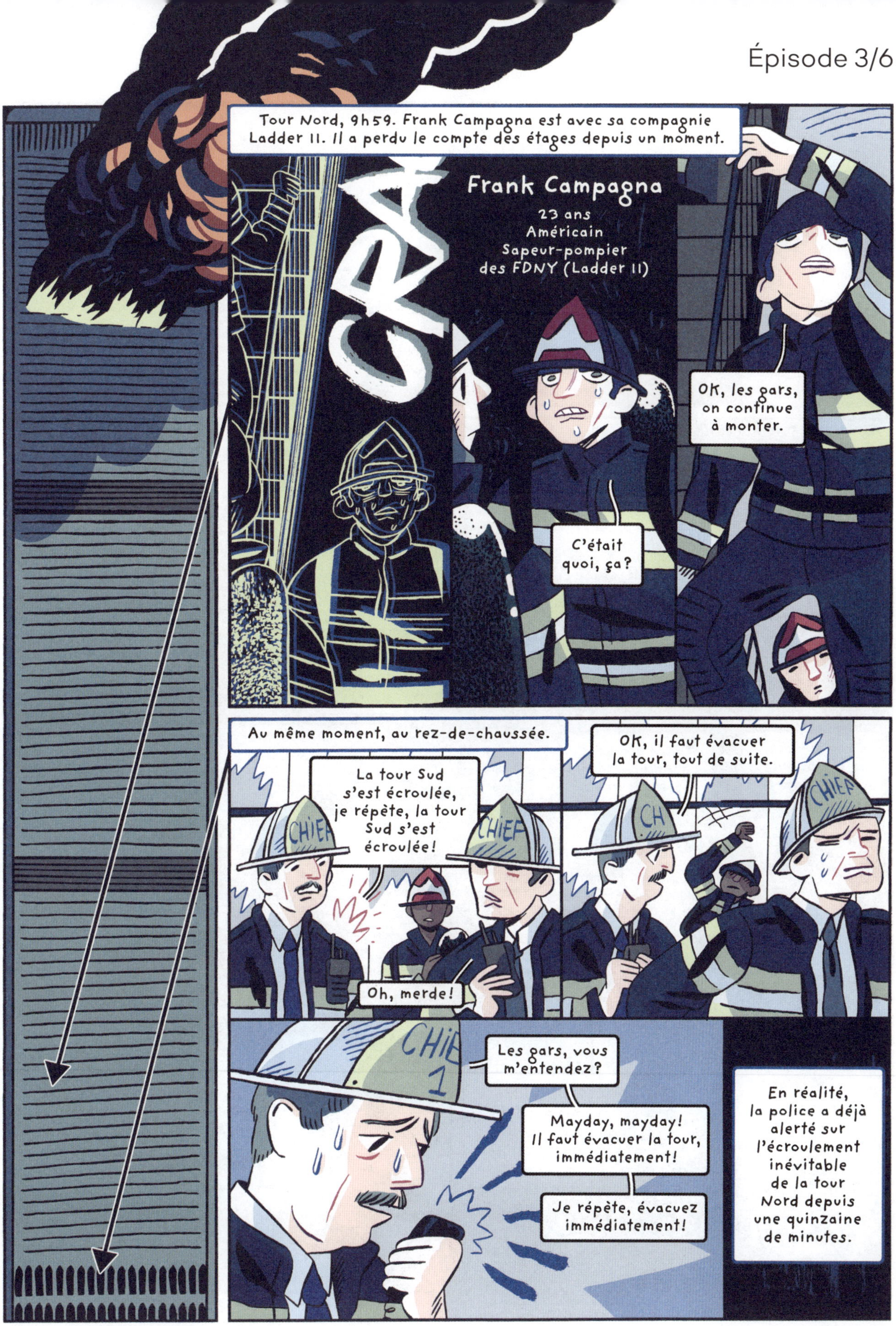
Tour Nord, 9h59. Frank Campagna est avec sa compagnie Ladder 11. Il a perdu le compte des étages depuis un moment.
CRA
Frank Campagna
23 ans
Américain
Sapeur-pompier
des FDNY (Ladder 11)
C'était quoi, ça?
OK, les gars, on continue à monter.
Au même moment, au rez-de-chaussée.
CHIEF
La tour Sud s'est écroulée, je répète, la tour Sud s'est écroulée!
CHIEF
Oh, merde!
OK, il faut évacuer la tour, tout de suite.
CH
CHIEF
CHIE 1
Les gars, vous m'entendez?
Mayday, mayday! Il faut évacuer la tour, immédiatement!
Je répète, évacuez immédiatement!
En réalité, la police a déjà alerté sur l'écroulement inévitable de la tour Nord depuis une quinzaine de minutes.

J'ai une compagnie qui redescend.
Moi, personne ne me répond…
Moi non plus… Mon Dieu.
CHI
CHIEF
CHIEF
iEF
Mais la police et les pompiers n'ont pas installé leur QG au même endroit, et ils ne partageaient même pas le même canal radio.
Les radios des pompiers ont, de toute façon, particulièrement mal fonctionné ce jour-là.
35e étage
Merde!
Il va falloir redescendre, on évacue!
Hein, mais pourquoi?
C'est les ordres!
Hey, Gregg, tu as entendu?
Non, quoi?
Ordre d'en bas, il faut évacuer la tour immédiatement!
On a combien de compagnies à cet étage?
Bah, la tienne, la mienne, et trois autres, je crois.
Merde, faut que je prévienne tout le monde.
OK, les gars, ordre d'évacuer immédiatement la tour! On redescend!
John, qu'est-ce que tu fous là? Tu n'as pas entendu qu'il faut redescendre?
Si, j'ai entendu, Gregg, mais j'ai encore deux hommes un peu plus haut.
Il faut que je les retrouve pour les faire redescendre.
OK, moi, je descends, j'emmène mes hommes en bas.
Gregg Hansson ne reverra jamais John Fischer.

À suivre dans le prochain numéro...

CHUT... Ça n'intéresse personne

Par **Michaël Sterckeman**

FAIS VOIR !
MAIS !
MAIS QU'EST-CE QUI SE PASSE À LA FIN ?!
DONNE-MOI ÇA !
GÉRARD M'A RENDU MON AGENDA SANS DIRE UN MOT. IL AVAIT L'AIR TRISTE.
GLUP
LES JOURS QUI SUIVIRENT, ON AVAIT TROP LA HONTE. GÉRARD, ON L'ADORAIT.
AVEC MACAREZ, LA GRANDE GUEULE DE LA CLASSE, ON EST ALLÉS LE VOIR DANS SA SALLE.
ON EST DÉSOLÉS, GÉRARD, ON NE VOULAIT PAS TE FAIRE DE PEINE...
OK, ÇA VA, LES GARS, C'EST PARDONNÉ !
GÉRARD N'AVAIT MÊME RIEN DIT AU PROVISEUR. ON N'A PAS ÉTÉ PUNIS. LA GRANDE CLASSE, GÉRARD !

TOPO COULISSES
Ça se passe comme ça !

11 septembre 2001
Pages 132 à 141

« Nous étions des adolescents en 2001 »

Baptiste Bouthier, journaliste, et Héloïse Chochois, dessinatrice : « Nous étions tous les deux de jeunes adolescents le 11 septembre 2001 et, comme tous ceux qui ont vécu cette journée, nous nous en souvenons très bien. Dans ces pages et dans l'ensemble de la bande dessinée "11 septembre 2001, le jour où tout a basculé", que nous cosignons chez TOPO et Dargaud, notre but est de raconter, vingt ans plus tard, ce qui est arrivé ce jour-là, à la lumière de tout ce qu'il s'est passé et de tout ce que l'on a appris depuis. Mais de le raconter aussi avec des yeux d'adolescents, pour éclairer les jeunes d'aujourd'hui. »

Livreur : l'autre prix de la course
Pages 74 à 97

« C'est un milieu qui semble très cynique »

Gurvan Kristanadjaja, journaliste : « Il n'est pas toujours simple de trouver des personnes qui acceptent de témoigner. Romain, Mohammed et Sofiane l'ont fait sans hésiter. Tous les trois avaient envie de décrire leur quotidien pour que ça serve à d'autres : aux plus jeunes possiblement intéressés ou aux plus vieux, potentiels clients. Quand on les suit dans les rues de Paris, on comprend rapidement la frénésie que leur impose cette activité. C'est ce qu'on a souhaité retranscrire ici. »
Hugo Piette, dessinateur : « C'est un milieu qui semble très cynique : des start-up lèvent des millions d'euros alors qu'elles reposent sur l'exploitation d'autoentrepreneurs au statut ultraprécaire. Dessiner ces livreurs, à vélo ou à scooter, qui se faufilent entre les voitures dans les rues de Paris m'a semblé être une bonne façon de représenter ce cynisme. »

« Élie est un artisan »

Sertisseur
Pages 116 à 123

Julie Lerat, journaliste : « Je n'aime pas les bijoux et je n'en porte jamais. Je ne m'y serais sans doute jamais intéressée si je n'avais pas rencontré Élie il y a quinze ans, alors que je venais de m'installer au Liban pour y travailler comme journaliste. J'ai alors découvert tout un univers de petites mains et de création, de poésie aussi. J'ai appris à aimer cet univers de l'atelier, voir émerger quelque chose à partir de petits bouts de métal et de pierres. Aujourd'hui, je ne porte qu'un seul bijou : une alliance, créée par Élie, pour nous. »
Grégory Mardon, dessinateur : « Élie est un artisan et un créateur. Il fabrique de beaux objets de ses mains, il concrétise ses envies et, à cette époque où le virtuel prend de plus en plus de place, cette rencontre a été très rafraîchissante. »

Abonnez-vous dès maintenant sur **toporevue.fr**

Ce coupon d'abonnement* est à remplir en LETTRES CAPITALES et à renvoyer à :

TBS - Service abonnement TOPO, 6, rue d'Ouessant, 35760 Saint-Grégoire

Si vous avez des questions, vous pouvez nous contacter par mail : abo@toporevue.fr

Je m'abonne pour...

...six mois, soit 3 numéros (frais de port compris) :

- ○ France & DOM-COM **37,50 €**
- ○ Union européenne **42,50 €**
- ○ Reste du monde **47,50 €**

...un an, soit 6 numéros (frais de port compris) :

- ○ France & DOM-COM **75 €**
- ○ Union européenne **85€**
- ○ Reste du monde **95 €**

...deux ans, soit 12 numéros (frais de port compris) :

- ○ France & DOM-COM **150 €**
- ○ Union européenne **170 €**
- ○ Reste du monde **190 €**

Je joins un chèque du montant de mon abonnement à l'ordre de « F&S ».

Date **Signature**

COORDONNÉES DE L'ABONNÉ.E :

Prénom . . . .
Nom . . . .
Adresse . . . .
. . . . Code postal . . . . . .
Ville . . . . Pays . . . . . .
Email . . . .
Téléphone . . . .

J'OFFRE CET ABONNEMENT, MES COORDONNÉES POUR ÊTRE JOINT.E EN CAS DE PROBLÈME :

Prénom . . . .
Nom . . . .
Adresse . . . .
. . . . Code postal . . . . . .
Ville . . . . Pays . . . . . .
Email . . . .
Téléphone . . . .

○ Je souhaite recevoir **une carte cadeau** pour l'offrir à la personne que j'ai abonnée.

*** Pour démarrer l'abonnement au n° 30, il faut envoyer ce bulletin avant le 13 juin 2021.**

#MOI

Par **Gilles Rochier**

Couleurs : Cécily de Villepoix